Wanderatlas
Sächsische Schweiz
Landschaftsschutzgebiet

Autorenkollektiv

VEB Tourist Verlag Berlin · Leipzig

Autorenkollektiv: Hans Brunner, Dresden (federführender Autor; Vorsitzender des Arbeitskreises „Sächsische Schweiz" der Geographischen Gesellschaft der DDR); Dr. Dieter Beeger, Dresden; Prof. Dr. Horst Heynert, Berlin; Prof. Dr. Siegfried Hoyer, Leipzig; Dieter Klotzsch, Dresden; Hermann Lemme, Dresden; Karl Pavlicek, Hohnstein; Manfred Schober, Sebnitz; Gerhard Walter, Krippen.

Umschlagbilder:
1. Umschlagseite: Schrammsteingebiet
2. Umschlagseite: Basteibrücke
3. Umschlagseite: Auf der Bastei

Fotos: Prof. Dr. Horst Heynert, Berlin (S. 11, 12, 14, 55); Bernhard Nathke, Leipzig (S. 14, 16, 25); Frank Richter, Dresden (1. Umschlagseite, S. 6, 21, 33); Rainer Siegert, Dresden (2. u. 3. Umschlagseite, S. 28, 32, 35, 37, 39, 43, 44, 46, 47); Werner Starke, Dresden (S. 3, 8, 9, 53).

Ummarkierungen von Wanderwegen konnten aus technischen Gründen nicht berücksichtigt werden.

Sächsische Schweiz : Landschaftsschutzgebiet. — 8., durchges. Aufl. — Berlin; Leipzig : Tourist Verl., 1989. — 64 S. : 26 farbige Fotogr., 2 graph. Darst., 14 Textkt. — (Wanderatlas)

ISBN 3-350-00228-5

8. Auflage 1989
© VEB Tourist Verlag, Berlin/Leipzig, 1978
Lizenznummer: 1002/550/90/89; TVG 070-7093
LSV 5159
Lektorat: Tourist Verlag
Redaktion: Tourist Verlag
Umschlaggestaltung: Rainer Preussner
Typographie: Tourist Verlag
Printed in the German Democratic Republic
Satz: (140) Druckerei Neues Deutschland, Berlin
Druck: VEB Kartographischer Dienst Potsdam
Buchbinderische Verarbeitung: Druckerei Volksstimme Magdeburg
Bestellnummer: 596 646 6
00510

J. F. Wizani: Neurathen und die Bergkette der Sächsischen Schweiz, um 1800

Vom Wandern in der Sächsischen Schweiz

Die Sächsische Schweiz ist zweifellos eine der bekanntesten Landschaften der DDR; sie gehört zu den beliebtesten Erholungs- und Wandergebieten und wird jährlich von 2,5 bis 3 Mill. Urlaubern und Touristen aufgesucht. Ausflugsziele, wie die Festung Königstein, Lilienstein, Bastei und Kuhstall, sind weithin bekannt und dem Urlauber bald so geläufig wie die Orte Bad Schandau, Hohnstein, Kurort Rathen, Hinterhermsdorf und viele andere mehr.

Die eigenartige Natur der Sächsischen Schweiz beeindruckt zuerst durch die Sandsteinfelsen in Form von Tafelbergen oder freistehenden Kletterfelsen, langen Felsfluchten und zerrissenen Felsrevieren, aber auch durch tief eingeschnittene Täler und Schluchten. Die Sonderstellung der Sächsischen Schweiz wird außerdem von der Elbe geprägt, die in zwei großen Schleifen zwischen Bad Schandau und Stadt Wehlen mitten durch diese Landschaft fließt. Als wichtiger Verkehrsweg öffnet sie den Zugang zur Sächsischen Schweiz von innen her. Schließlich gab die Elbe in Verbindung mit der charakteristischen Gesteinsschicht dem Gebiet auch den wissenschaftlichen Namen „Elbsandsteingebirge". Dabei wird der tschechische Teil mit erfaßt.

Das 1956 festgelegte Landschaftsschutzgebiet Sächsische Schweiz umfaßt mit 368 km² das gesamte Erholungsterritorium und geht dabei über das Sandsteingebiet hinaus. Die Eingangspforten in die Sächsische Schweiz, die beiden Kreisstädte Pirna und Sebnitz, liegen außerhalb, am Rande des LSG.

Die Elbe war schon seit Jahrhunderten ein wichtiger Transportweg, um landschaftstypische Erzeugnisse, wie Sandstein und Holz, aus der Sächsischen Schweiz und auch aus Böhmen in die sächsischen Kernlande zu schaffen. So entstand eine enge Beziehung insbesondere zwischen Dresden

und dem Meißner Hochland, wie man die bergige Gegend beiderseits der Elbe allgemein noch nannte. Sie wurde durch die „Entdeckung" der Sächsischen Schweiz als Reise- und Wandergebiet um 1800 noch vertieft. Es waren zwar Bewohner des Gebietes selbst, der Magister Wilhelm Leberecht Götzinger (1758–1818) in Neustadt und der Pfarrer Carl Heinrich Nicolai (1739–1823) in Lohmen, die durch ihre „Beschreibungen" und „Wegweiser der Sächsischen Schweiz" zur Popularisierung des Reisegebietes und insbesondere des Namens „Sächsische Schweiz" maßgeblich beigetragen haben; die Besucher aber kamen aus Dresden angereist. Die beiden an der Dresdner Kunstakademie tätigen Schweizer Maler Adrian Zingg (1734–1816) und Anton Graff (1736–1813) sollen es gewesen sein, die bei ihren Wanderungen in die Berge die Bezeichnung „Sächsische Schweiz" geprägt haben. Sie ist jedenfalls seit 1790 in der Literatur zu finden, und neben den Reiseführern und Reisebeschreibungen verhalfen vor allem Bilder und Gemälde der Sächsischen Schweiz zur Popularität. Bedeutende Künstler der Romantik, z. B. Caspar David Friedrich und Ludwig Richter, sind auf der „Malerstraße" gewandert, wie der damals übliche Wanderweg durch die Sächsische Schweiz bezeichnet wurde. Er führte von Dresden aus zunächst nach Pillnitz, durch den Liebethaler Grund über Lohmen und durch den Uttewalder Grund nach Stadt Wehlen. Der ursprüngliche Aufstieg auf die Bastei erfolgte vom Elbtal aus, erst später durch den Wehlgrund. Von Rathen aus wurde der Hockstein besucht, das Polenztal gequert und Hohnstein erreicht. Über den Brand und durch den Tiefen Grund führte der Weg nach Schandau, das zu dieser Zeit bereits einen guten Ruf als Badeort hatte. Im Kirnitzschtal ging es zum Lichtenhainer Wasserfall, über den Kuhstall auf den Großen Winterberg und über das Prebischtor (Pravčická brána) wieder hinab in das Elbtal.

Nun fuhr man die Elbe abwärts bis Dresden, wobei in Königstein noch Abstecher auf die Festung und auf den Lilienstein üblich waren. Diese Route wurde in 3 bis 4 Tagen bewältigt. Übernachtungsmöglichkeiten bestanden in Mahl- und Schneidemühlen und einigen Gasthöfen in den Orten. Nur vereinzelt entstanden an den besuchtesten Punkten zunächst einfache gastronomische Einrichtungen als Sommergaststätten (Bastei 1812, Großer Winterberg 1819,

Wanderer im Affensteingebiet

Kuhstall 1823). Erst später wurden feste Häuser gebaut (Bastei 1825, Großer Winterberg 1840, Kuhstall 1853).

Mit dem Beginn der Dampfschiffahrt (1837) und insbesondere nach Fertigstellung der Eisenbahn (1851) wurde die Anreise zur Sächsischen Schweiz in das Elbtal verlegt und wesentlich vereinfacht und verbilligt. Damit setzte in der 2. Hälfte des 19. Jh. der Massenbesuch in dieses Gebiet ein. Gasthöfe, Fremdenheime und Hotels schossen in den Ortschaften wie Pilze aus der Erde, Mühlen und andere Einrichtungen wurden umgebaut, auf den Bergen entstanden Gasthöfe und Aussichtstürme, neue touristische Ziele wurden erschlossen und neue Wanderwege gebaut. Stand bisher das zielstrebige Wandern zu den Glanzpunkten der Sächsischen Schweiz im Vordergrund, so entwickelten sich mit der Breitenausdehnung auch neue Formen des Tourismus. Die begüterten Schichten des Bürgertums fuhren für einige Wochen in die „Sommerfrische", einfache Kreise der Bevölkerung konnten dagegen nur „Tagesausflüge" unternehmen. In den sechziger Jahren des 19. Jh. kam der „Klettersport" auf, der nun auch die bisher scheinbar unbezwingbaren freistehenden Felstürme eroberte. In seiner

Eigenart stellt er ein typisches Charakteristikum der Sächsischen Schweiz dar. Bis heute überlagern sich diese verschiedenen Formen des Erholungswesens und Tourismus, wobei in den letzten Jahrzehnten sogar noch Varianten hinzugekommen sind.

Die sozialistische Gesellschaft bietet allen Bevölkerungsschichten Erholungsmöglichkeiten, unabhängig von ihrer gesellschaftlichen Stellung. Das ist besonders in der Ferienerholung spürbar, wo die FDGB- und Betriebsferienheime sowie Kinderferienlager einen bedeutenden Kapazitätsfaktor darstellen. Der stark angewachsene Motorisierungsgrad hat sowohl den organisierten, aber insbesondere den individuellen Ausflugsverkehr enorm ansteigen lassen, was zu unerwünschten Störungen in der Erholungsfunktion geführt hat. Als jüngste Variante werden die von den verschiedenen Sektionen des DWBO (Deutscher Verband für Wandern, Bergsteigen und Orientierungslauf der DDR) organisierten Wanderungen gepflegt und gefördert. Sie führen wieder zur klassischen Form zielgerichteten Wanderns zurück, das jederzeit unabhängig von den verschiedenen Formen des Erholungswesens von jedermann ausgeübt werden kann.

Das Wandern in der Sächsischen Schweiz zu fördern ist auch Anliegen dieser Broschüre. Die Vielfalt der Wandermöglichkeiten zwingt zu einer sorgfältigen Auswahl der zu beschreibenden Wanderungen, dabei können von den etwa 1200 km markierten Wanderwegen in der Sächsischen Schweiz nur etwa ein Viertel behandelt werden. Von den bedeutendsten Touristenzentren ausgehend, sind jeweils nur 3 bis 4 Wanderrouten ausgewählt worden, so daß eine gleichmäßige Verteilung über das ganze Gebiet und gleichzeitig großer Variantenreichtum erreicht werden. Kombinationen oder Erweiterungen sind bei allen Wanderungen anhand der beigefügten Karten möglich.

Trotz der Gliederung in einzelne Schwerpunktgebiete sind alle Wanderungen von jedem Ort der Sächsischen Schweiz sowie von Dresden aus möglich.

Das in der benachbarten ČSSR angrenzende Gebiet des České Švýcarsko, ebenfalls LSG, zeigt ähnliche landschaftliche und touristische Verhältnisse wie die Sächsische Schweiz. Es wurde im Wanderatlas nur die klassische Wanderung auf die Pravčická brána aufgenommen, sie ist über den Grenzübergang Schmilka/Hřensko für jeden Besucher der Sächsischen Schweiz ebenso leicht durchführbar.

Die einführenden Abschnitte liefern wertvolle Ergänzungen über Natur und Geschichte als kurze Überblicke. Die Ausführungen werden durch konkrete Hinweise in den Wanderwegbeschreibungen erweitert. Darüber hinaus sollen die Besucher auch daran erinnert werden, daß die Sächsische Schweiz nicht nur Erholungslandschaft ist, sondern daß auch Zehntausende Einwohner in Land- und Forstwirtschaft, in Industrie, Verkehrseinrichtungen und Dienstleistungen arbeiten. Daraus ergeben sich Funktionsüberlagerungen und eine Mehrfachnutzung des Territoriums.

Für die weitere Entwicklung und Gestaltung der Sächsischen Schweiz wurde 1977 der 1. Landschaftstag einberufen. Auf ihm wurde der „Landschaftspflegeplan für das Landschaftsschutzgebiet Sächsische Schweiz" beschlossen, in dem Maßnahmen zum Schutz, zur Pflege und Erhaltung der natürlichen Umwelt unter den komplizierten Bedingungen der Sächsischen Schweiz geregelt und koordiniert werden. Zur Durchsetzung der beschlossenen Maßnahmen ist das Verständnis, vor allem aber die Hilfe sowohl der Bewohner als auch der Besucher, eine notwendige Voraussetzung. Dazu dient die auf dem 2. Landschaftstag Sächsische Schweiz 1982 festgelegte „Verhaltensordnung für das Landschaftsschutzgebiet Sächsische Schweiz", die im Wanderatlas als Auszug wiedergegeben ist.

Tafelberge und Ebenheiten, Felsreviere und Täler
Geographisch-geomorphologischer Überblick

Das Elbsandsteingebirge ist Bestandteil der sich im Grenzgebiet der DDR zur ČSSR befindlichen Mittelgebirgsschwelle; dort entstand es in einer Schwächezone der Erdkruste zwischen dem Lausitzer Bergland im NO und dem Erzgebirge im SW. Die höchsten Erhebungen dieses Gebietes — der 726 m hohe Děčínský Sněžník im Labské pískovce sowie der Große Zschirnstein mit 561 m und der Große Winterberg mit 552 m in der Sächsischen Schweiz —

Ebenheit mit Lilienstein

bleiben weit unter den Höhen des Erzgebirges; selbst die mittlere Höhe der Sächsischen Schweiz liegt unter der des Lausitzer Berglandes. Somit ist der Gebirgscharakter hier weniger auf die absolute Höhe als mehr auf die Formenvielfalt von Steilwänden, frei stehenden Felsen und tiefen Taleinschnitten, also auf die relative Höhe, begründet. Die Sandsteinfolge mit eingeschalteten tonreicheren Zwischenschichten und der ausgeprägten Klüftung gestatteten der Elbe und ihren Nebenflüssen in jahrtausendelanger ausräumender Tätigkeit das Herausformen ganz charakteristischer Landschaftsformen, die den Reiz dieses Gebietes ausmachen. Die Abtragung der ursprünglich zusammenhängenden Sandsteinplatte tritt am deutlichsten im linkselbischen Gebiet in Erscheinung. Bei oftmaliger Laufverlegung wurde das Flußsystem der Elbe über tonhaltigen Zwischenschichten in der Tiefenerosion behindert, wobei es zur Herausbildung der *Ebenheiten* (Bezeichnung für flache Plateaus) und darüber aufragender Abtragungsreste der „Steine" kam. *Tafelberge,* wie Pfaffenstein oder Lilienstein, stellen hinsichtlich ihres Umfanges noch eine Sächsische Schweiz im kleinen dar; andere, wie Kaiserkrone oder Zirkelstein, zeigen eine schon sehr fortgeschrittene Auflösung.

Rechtselbisch haben neben der Elbe Polenz, Sebnitz und Kirnitzsch für eine flächenhafte Abtragung gesorgt, jedoch blieben gerade hier *Felsreviere* unterschiedlichen Umfanges erhalten. Vertikale Klüfte wurden zu Klammen, Schlüchten und Gründen ausgewaschen und ermöglichten das Herausbilden vieler frei stehender Türme und Zinnen. Tonige Zwischenschichten führten mit Terrassen-, Überhang- und Höhlenhorizonten zu einer horizontalen Gliederung. Mit sanfteren Formen und andersgearteter Vegetation geben sich die freigelegten Basaltvorkommen zu erkennen. Das geschlossenste Massiv dieser Art stellt die Felslandschaft rund um den Großen und Kleinen Winterberg dar, um die sich Schrammsteine, Affensteine, Kleiner und Großer Zschand, die Wände um die Pravčická braná, die Südabstürze des Großen Winterberges und der Schmilkaer Kessel mit beeindruckenden und einmaligen Felszenerien gruppieren. Weiter westlich stellen Ochel- und Brandwände kleinere geschlossene Reviere dar, die entlang der Lausitzer Überschiebung von Randebenheiten überhöht werden. In der vorderen Sächsischen Schweiz präsentiert sich über dem Kurort Rathen und dem Elbtal bis Stadt Wehlen eine noch in sich geschlossene durch Steilabstürze großartige Felslandschaft, die sich hier nur über 300 m erhebt, aber in der Bastei einen weltbekannten Aussichtspunkt besitzt.

In das Niveau der Ebenheiten vermochten sich die Elbe und ihre Nebenflüsse in engen Tälern einzuschneiden. Der Elbtaleinschnitt zwischen Děčín und Hřensko, die große Elbschleife zwischen Bad Schandau und Rathen flankiert von Lilienstein und Königstein, und der beeindruckende Prallhang der Basteiwände über dem Fluß verdienen vorrangig Erwähnung. Als beliebte Ausflugsziele gelten immer wieder die engen cañonartigen Täler der Kamenice, teilweise nur auf dem Wasserweg passierbar, und der Kirnitzsch von ihrem Eintritt in das Sandsteingebiet bis zur Einmündung in das Elbtal. Der Gegensatz zu der Talformung in der granitischen Lausitz einerseits und dem Kreidesandstein andererseits wird im Polenztal besonders deutlich; der Besucher des Hocksteins nimmt ihn auf einen Blick wahr. Im oberen Bielatal südlich von Königstein finden vor allem die Freunde des Klettersports an bizarren Felszinnen ihre Ziele.

Eine Besonderheit im Sandstein der Sächsischen Schweiz stellen mannigfache Kleinformen der Verwitterung dar; zu den auffälligsten gehören die Wabenbildungen an vielen Felswänden.

Blick von den Affensteinen auf Schrammsteine, Falkenstein und Hohe Liebe

Abtragungs- und Verwitterungsvorgänge schreiten voran. Felsstürze verkleinern die Tafelberge (Papststein 1972), gefährdeten im Elbtal die Verkehrswege (Postelwitzer Steinbrüche 1985) und führten zum Einsturz von Felstürmen (Oberer Ganskopf 1948, Neuberturm 1981). Die Barbarine am Pfaffenstein verdankt umfangreichen steinkonservierenden Maßnahmen ihre weitere Erhaltung.

Die rund 800jährige Steinbruchstätigkeit führte im Elbtal teilweise zu Veränderungen des ursprünglichen Charakters des Gebietes und unterstreicht die außergewöhnliche Bedeutung des Sandsteins als Bau- und Bildhauermaterial.

Sandstein, Granit und Basalt
Geologischer Überblick

Zu Beginn der Oberkreidezeit, vor rund 100 Mill. Jahren, nahm das Kreidemeer Besitz von weiten Teilen Mitteleuropas, darunter auch vom Raum der heutigen Sächsischen Schweiz und benachbarter Gebiete. Aus umliegenden Festlandsgebieten transportierten Flüsse Verwitterungs- und Abtragungsprodukte in das Meer, wo der aus granitischen und Schiefergesteinen bestehende Untergrund nach und nach verhüllt wurde. Die so aufgebaute sandig ausgebildete Schichtenfolge enthält auch einzelne Horizonte mit tonigen Bestandteilen. Hartteile von abgestorbenen Meereslebewesen (Muscheln, Seeigel usw.) wurden darin eingebettet und stellen heute als Abdrücke, Steinkerne und andere Lebensspuren einen Beweis für die marine Entstehung des Sandsteines dar. Die Mächtigkeit der Ablagerungsfolge betrug beim Rückgang des Meeres nach 7 Mill. Jahren etwa 600 m. Nach und nach kam es zu einer Verfestigung der ursprünglich lockeren Ablagerungen. Am Ende der Kreidezeit machten sich im nördlich angrenzenden Granitgebiet der Lausitz Hebungstendenzen bemerkbar, die an der Bruchlinie der sogenannten Lausitzer Störung (bekannt als die Lausitzer Überschiebung) zu einer allmählichen Heraushebung des nördlichen Flügels um den Betrag von 800 bis 1000 m führten. An der Wartenbergstraße bei Hohnstein ist diese Gesteinsgrenze zwischen Sandstein und

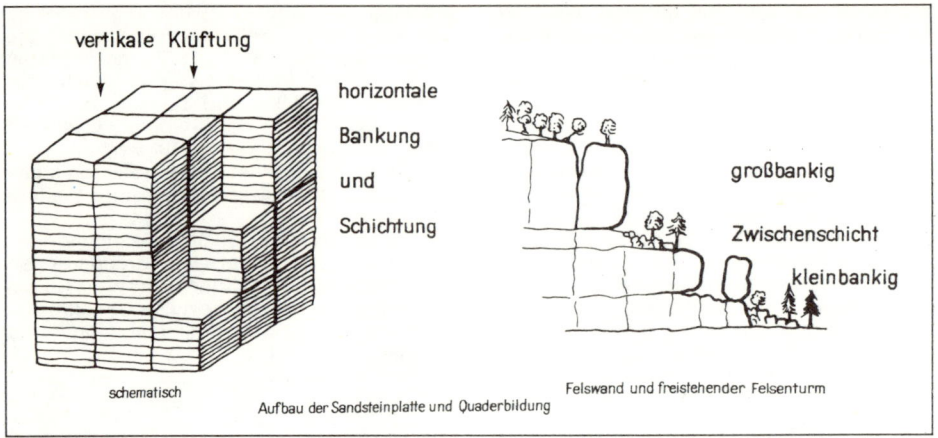

vertikale Klüftung

horizontale Bankung und Schichtung

großbankig

Zwischenschicht

kleinbankig

schematisch

Aufbau der Sandsteinplatte und Quaderbildung

Felswand und freistehender Felsenturm

Granit mit Überschiebungscharakter der Beobachtung zugänglich und stellt somit ein bedeutendes geologisches Naturdenkmal dar. Mit den Bewegungen kam es an verschiedenen Stellen auch zur Herausschleppung älterer, kalkiger Gesteinsschichten aus dem Untergrund (Hohnstein, Hinterhermsdorf u. a.). Im Sandstein, in der Nachbarschaft der Lausitzer Störung, bewirkte der Druck geringe Horizontalverschiebungen ganzer Schichtkomplexe, wobei tonige Zwischenschichten Gleitbahnen bildeten. Ein Netz von Quarzleisten durchzieht den überschiebungsnahen Sandstein. Die Strukturen des Untergrundes, die Druckbeanspruchungen im Zuge der Bewegungen an der Lausitzer Störung und schließlich die mit der einseitigen Heraushebung des Erzgebirges während der Braunkohlenzeit ausgeübten Druckbeanspruchungen hinterließen in der Sandsteinplatte ein System von Klüften, die bei der Abtragung und Herausformung des gegenwärtigen Landschaftsbildes eine bedeutende Rolle spielten. Die einseitige Heraushebung des Erzgebirgssüdflügels um rund 1000 m hatte übrigens auch die Anhebung und Neigung der Sandsteinplatte zur Folge. Die tektonischen Ereignisse am Erzgebirgsbruch und im südlich angrenzenden Gebiet erleichterten während der Braunkohlenzeit das Aufdringen von glutflüssigen Schmelzen basaltischer Zusammensetzung. Im Elbsandsteingebirge vermochten die auf Zerrüttungszonen nach oben drängenden Schmelzen nur in wenigen Fällen die damalige Erdoberfläche zu erreichen; zumeist blieben sie im Sandstein stecken und wurden erst durch spätere Abtragungsprozesse freigelegt. Bedeutendste Basaltvorkommen der Sächsischen Schweiz stellen die des Großen Zschirnsteines, des Großen und Kleinen Winterberges, Raumberges, Heulenberges und Hausberges dar. Mit dem Basaltvulkanismus dürften auch die zahlreichen Brauneisenmineralisationen im Sandstein im Zusammenhang stehen, die dem aufmerksamen Besucher an Klüften, Schichtflächen und anderen Stellen entgegentreten. Als markanteste basaltische Heraushebung im böhmischen Anteil des Elbsandsteingebirges fällt der kegelförmige Růžovský vrch besonders auf. Mit dem Rückzug des Meeres am Ende der Kreidezeit waren das Elbsandsteingebirge und benachbarte Gebiete Festland und damit Abtragungsraum geworden. Die tektonischen Prozesse, insbesondere die Erzgebirgshebung, verstärkten diese Vorgänge und begünstigten das Ausräumen des Sandsteines durch die Elbe und ihre Nebenflüsse. Sie ließen über den Ebenheiten, auf denen sie bedingt durch sich häufende tonhaltige Zwischenschichten oft ihre Läufe veränderten, die Abtragungsreste der „Steine" stehen. Der Verlauf vieler Talabschnitte sowie der Gründe und Schlüchte geht im wesentlichen auf die im Sandstein vorgezeichneten Zerrüttungs- und Kluftzonen zurück. Andererseits verdanken geschlossene Felsmassive der Grobbankigkeit, einer geringeren Klüftung oder dem Vorhandensein basaltischer Gesteinseinlagerungen ihre Bewahrung. Die

Elbe hatte sich schon bis zu einer Höhe von 150–160 m ü. d. M. in das Niveau der Ebenheiten eingeschnitten, als das nordische Inlandeis der Elsterkaltzeit vor 450 000 Jahren seine südlichste Ausdehnung bis in den Raum des Elbsandsteingebirges erreichte und manche bereits bestehenden Hohlformen mit Lockergesteinen wieder verschüttete. Die Grenze dieser südlichsten Ausdehnung kennzeichnet in Bad Schandau ein Eiszeit-Markierungsstein, dessen Aufstellung 1975 – 100 Jahre nach der Anerkennung der Inlandeistheorie des Schweden Torell – erfolgte. Staublehmablagerungen auf den Ebenheiten, in der jüngsten Kaltzeit des Eiszeitalters entstanden, bilden heute die Grundlage der Landwirtschaft.

Schwefelflechte

Zur Pflanzen- und Tierwelt und zum Naturschutz

Selbst biologisch wenig interessierte Touristen werden von den Reizen der Pflanzen- und Tierwelt der Sächsischen Schweiz gefangen genommen. Ob es sich um die Märzenbecherwiesen im Polenztal*, um den Vogel- und Farnreichtum der Felsen und Schlüchte oder um das Erlebnis der Hirschbrunft handelt, immer mehr Besucher strömen herbei.

Eigentlich nimmt das stark zerschnittene Tafelbergland des Elbsandsteingebirges, das sich nur selten über die 500-m-Linie erhebt, vor allem auf Grund seiner Formenvielfalt an Tafelbergen, Felsbildungen, Steilhängen, Tälern bzw. Gründen mit wesentlichen kleinklimatischen Gegensätzen und Besonderheiten seinen Platz unter den Mittelgebirgen ein. So gedeihen denn auch unter den Bedingungen der Schlüchte einige Pflanzen, wie z. B. der Stengelumfassende Knotenfuß (Streptopus amplexifolius)*, das Zweiblütige Veilchen (Viola biflora)* oder die Schwarze Heckenkirsche (Lonicera nigra), die in Zentraleuropa ihren Verbreitungsschwerpunkt erst in bedeutend höheren Gebirgslagen haben.

Hinsichtlich der geobotanischen horizontalen und vertikalen Gliederung läßt sich eine Unterteilung in einen rechts- und einen linkselbischen Raum vornehmen. Eine besondere Einheit bildet das niederschlagsarme Elbtal, das einigen „Elbtalpflanzen", z. B. dem Knotigen Beinwell (Symphytum tuberosum) oder der Waldwitwenblume (Knautia dipsacifolia), Lebensraum bietet. Abgesehen vom Elbtal haben beispielsweise die eingangs genannten Gebirgspflanzen, wozu sich auch noch so bedeutende Arten wie der Sumpfporst (Ledum palustre)* oder die Gemeine Krähenbeere (Empetrum nigrum) gesellen, eine stärkere rechtselbische, hingegen z. B. die Perückenflockenblume (Centaurea pseudophrygia), das Schöne Johanniskraut (Hypericum pulchrum) oder die Trollblume (Trollius europaeus)* eine auffällige linkselbische Bindung.

Für das Verständnis der Vorkommen der Gebirgspflanzen in geringer Höhenlage dürfte das Wissen um das Mikroklima in den Schlüchten oder Klammen mit ihrer geringen Sonneneinstrahlung und höheren Luftfeuchtigkeit bedeutungsvoll sein, oder allgemein formuliert: Die Schluchten haben im Sommer ein kühleres und im Winter ein milderes Klima als vergleichbare Orte der Umgebung. Die Meteorologen sprechen daher von einem „Kellerklima", das hier die Ursache einmal für das Vorkom-

* Unter Naturschutz

11

men der Gebirgspflanzen, zum anderen auch für ozeanisch gebundene Arten ist, wie für den Gesägten Tüpfelfarn (Polypodium interjectum). Schließlich verursacht es auch eine Höhenstufenumkehr. So können sich am Grunde bodenständige Fichten (Picea abies) finden, wie sie naturnah in großen Beständen für die Hochlagen des Harzes, Thüringer Waldes oder des Erzgebirges in unserem Lande typisch sind. An den unteren Hangpartien läßt sich dann ein Bergmischwald beobachten, während in den höheren nordexponierten Hanglagen ein submontaner (lat. sub = gemäßigt, mons, montis = Berg, Gebirge) Eichen-Rotbuchenmischwald stockt.

Schließlich wächst auf den trocken-flachgründigen oberen Felskanten ein Heide-Kiefernbestand (zwergstrauchreiche Kiefernvergesellschaftung), der in ähnlicher Ausbildung im Sächsischen Flachland vorkommt. An den südexponierten Felswänden der Sächsischen Schweiz ist er vor allem mit Flechtengesellschaften verbunden. In bezug auf die natürliche vertikale Gliederung gehört die Sächsische Schweiz im allgemeinen in ihren unteren und klimatisch günstigen Gegenden zur collinen oder Hügellandstufe, in ihren oberen Lagen zur submontanen oder Gebirgsrandstufe und in den höchsten sowie klimatisch kühlen Bereichen bereits zur montanen oder unteren Bergwaldstufe.

Nicht nur einzelne Pflanzenarten, sondern auch ihre Vergesellschaftungen sind reizvoll, wenngleich zu beachten ist, daß wir uns in einer Kulturlandschaft befinden. So stocken heute auf den nicht landwirtschaftlich genutzten Flächen überwiegend Kiefern- und Fichtenforste. An ihren feuchten Stellen wachsen eine ganze Anzahl Farne.

In den vom Besucherstrom ferner gelegenen Kiefern- und Fichtenforsten gibt es Bestände an Hirschen (Cervus elaphus) und anderem Wild, u. a. das erfolgreich ausgesetzte Muffelwild (Ovis ammon musimon). Als charakteristische Vogelarten seien für die Nadelholzforste Buntspecht (Dryobates major)*, Schwarzspecht (Dryocopus martius)*, Gimpel (Pyrrhula pyrrhula)*, Fichtenkreuzschnabel (Loxia curvirosta)*, Goldhähnchen (Regulus spec.)*, die verschiedenen Meisen* und nicht zuletzt als Besonderheit der Rauhfußkauz (Aegolius funereus)* und der Sperlingskauz (Glaucidium passerinum)* genannt. Die an Höhlen recht reichen Sandsteinfelsen beherbergen Fledermäuse, Siebenschläfer (Glis glis)*, Vö-

Märzenbecher im Polenztal

gel, wie Falken (Falco spec.) oder die Hohltaube (Columba oenas)*.

Auf Basaltdurchragungen wie im NSG „Großer Winterberg" existieren noch artenreiche Rotbuchenmischwälder. Auch am Unterhang, wo keine Forste vorhanden sind, lassen sich noch Bergmischwaldfragmente mit der Rotbuche (Fagus sylvatica) als Hauptholzart und oft mit schönen Beständen des Hasenlattichs (Prenanthes purpurea) beobachten. In unmittelbarer Bachnähe können sich schließlich bachbegleitende Gehölze hauptsächlich mit Schwarzerlen (Alnus glutinosa) und Eschen (Fraxinus excelsior) sowie Bachuferhochstaudenfluren einstellen, in denen zur Blütezeit im Juni/Juli meist die weißlichen Rispen des für die Sächsische Schweiz charakteristischen Waldgeißbarts (Aruncus dioicus)* auffallen. In Tallagen wachsen auch viele Farne, und so präsentiert in den erwähnten Bachstaudenfluren einiger Täler beispielsweise der dekorative Straußfarn (Matteuccia struthiopteris)* seine trichterartig angeordneten sterilen Wedel. Die sauberen, klaren Bäche bieten den zoologisch interessierten Touristen mit dem Eisvogel (Alcedo atthis)*, der Wasseramsel (Cinclus cinclus)*, Bachstelze (Motacilla alba), der Bachforelle (Salmo trutta fario), der Äsche

(Thymallus thymallus) oder der Elritze (Phoxinus phoxinus) interessante Beobachtungsobjekte. Gar nicht selten kommen unmittelbar an den Grundwegen der Schlüchte Rippenfarn (Blechnum spicant), Berglappenfarn (Oreopteris limbosperma), Eichen- (Gymnocarpium dryopteris) und Buchenfarn (Phegopteris connectilis) oder auch der Feuersalamander (Salamandra salamandra)* vor. Letztlich sei aus dem Bereich der Kiefern- und Hainbuchenbestände noch der häufig mannshohe Adlerfarn (Pteridium aquilinum) genannt.

Gleichzeitig sei daran erinnert, daß wir uns in der Sächsischen Schweiz in einem Landschaftsschutzgebiet befinden. Jeder Tourist sollte sich dafür einsetzen, daß die Natur auch für nachkommende Generationen erhalten bleibt und die Naturschutzverordnung — insbesondere die Artenschutzbestimmung vom 1. Oktober 1984 — befolgt wird. Zur Erhaltung der wertvollen und z. T. einmaligen Natur der Sächsischen Schweiz bestehen im gesamten Gebiet der Sächsischen Schweiz folgende Naturschutzgebiete: Kirnitzschklamm (bei Hinterhermsdorf) 53 ha, Großer Winterberg und Zschand 1069 ha, Bastei 805 ha, Polenztal 69 ha, Zeschnigleiten (im Polenztal) 110 ha, Märzenbecherwiesen (im Polenztal) 3 ha, Heilige Hallen (im Sebnitzer Wald) 33 ha, Gimpelfang (im Sebnitzer Wald) 11 ha.

Darüber hinaus bestehen mehrere Flächennaturdenkmale, und einige besonders gefährdete Gebiete sind als Totalreservate eingerichtet und örtlich als solche deutlich gekennzeichnet. Ihr Betreten ist grundsätzlich verboten.

Zur Geschichte des Territoriums

Erste Spuren menschlicher Ansiedlung, eine vorübergehende Wohnstätte auf dem Pfaffenstein und Siedlungsreste am Elbabhang bei Schöna, sind aus der Bronzezeit (2200–800 v. u. Z.) bekannt, ebenso Gerätefunde am Steinernen Tisch nahe der Bastei und bei Obervogelgesang. Auch aus den folgenden Jahrhunderten finden sich nur Spuren von Streifzügen, bis sich nach 500 u. Z. die Slawen im Elbgebiet niederließen. Bodenfunde über eine Besiedlung des Gebirges zu dieser Zeit existieren allerdings

nicht. Durch die Erwähnung eines Elbzolls bei Meißen (983) und bei Litoměřice/Ústi n. L. (993) wird erstmals der Elbhandel belegt. Die feudale deutsche Eroberung des Elbe-Saale-Gebietes seit 929 und die etwas frühere Bildung eines Feudalstaates in Böhmen schufen die Voraussetzung für tiefgreifende Veränderungen in der zum slawischen Gau Nisane (etwa die Dresdner Elbtalweitung) gehörenden Sächsischen Schweiz. Mehrfach wechselte das Gebiet seit 1074 den Besitzer und war schließlich für längere Zeit böhmisch. In Dohna am nordwestlichen Rand des Gebirges entstand vor 1040 eine Feudalburg. Sie ging 1152 an die Burggrafen von Dohna über, die Teile der Sächsischen Schweiz beherrschten.

Im 13. Jh. begann die bäuerliche Besiedlung des Gebietes, verbunden mit umfangreichen Rodungen auf den Ebenheiten beiderseits der Elbe. Kleine Slawenweiler, wie Lohmen, Struppen u. a., wurden zu deutschen Straßendörfern. Zahlreiche Neugründungen von Waldhufendörfern tragen noch heute den Namen der Lokatoren, die die deutschen Bauern aus Franken und Thüringen ins Land führten (Cunnersdorf, Waltersdorf, Kleinhennersdorf, Reinhardtsdorf, Ottendorf, Nikolsdorf u. a.).

Auf der rechtselbischen Seite förderten die Meißner Bischöfe von dem seit 1220 zu ihnen gehörenden Stolpen aus sowie kleinere Adelsherrschaften die Besiedlung. Zur Abgrenzung des bischöflich meißnischen und des königlich böhmischen Besitzes wurde 1241 auf dem Königstein, der zu dieser Zeit lediglich ein befestigter Felsen, noch keine Steinburg war, eine Vereinbarung geschlossen. Vor allem am Handelsweg Elbe entstanden kleine Städte. Pirna, die bedeutendste von ihnen, erhielt 1325 das Stapelrecht für Waren und erlebte im 15./16. Jh. eine erste Blütezeit. Das Eingreifen der Markgrafen von Meißen in eine Fehde der Burggrafen von Dohna (1404) brachte große Teile des linkselbischen Gebietes, auch den Königstein, in den Besitz der 1423 zu Kurfürsten von Sachsen aufsteigenden Wettiner. Diese erwarben auf der rechtselbischen Seite von dem böhmischen Adelsgeschlecht der Berka von der Duba 1444 das Gebiet um Hohnstein und 1451 das um den Wildenstein. Schließlich legte der Vertrag von Eger (Cheb) 1459 für Jahrhunderte die Grenze zwischen dem Kurfürstentum Sachsen und Böhmen fest, etwa so, wie sie heute noch als

Staatsgrenze zwischen der DDR und der ČSSR verläuft. Lediglich das Gebiet um den Großen Winterberg wurde erst 1492 an die sächsischen Herzöge verkauft.

Ein Zinsverzeichnis verschiedener Dörfer aus der Mitte des 15. Jh. weist Ackerbau, Viehzucht und Fischfang als die Hauptbeschäftigungen aus; hinzu kam sicher Bienenzucht (Zeidlerei). Neben Natural- und Geldabgaben mußten Frondienste und Fährdienste (Postelwitz) geleistet werden. Leibeigenschaft war in diesen Orten der bäuerlichen Besiedlung des 13./14. Jh. nicht verbreitet. In den kleinen Städten gab es eine begrenzte Zahl Handwerker für die lokale Versorgung und die Zulieferung für Handel und Schiffahrt. Lediglich in Pirna nahm die gewerbliche Produktion einen größeren Umfang an. 1500 waren dort 47 Tuchmachermeister tätig. Als Fernwirkung des Deutschen Bauernkrieges in das Gebiet der Sächsischen Schweiz ist das Auftauchen der Zwölf Artikel in Struppen (1525) anzusehen. Seit dem 16. Jh. drang die Textilherstellung in stärkerem Maße in die Dörfer, vor allem rechts der Elbe, ein.

1586 führte der Freiberger Markscheider Matthias Oeder die erste Landvermessung im Kurfürstentum Sachsen durch und konnte dabei zahlreiche kleine Bergbau- und Hüttenanlagen in der Sächsischen Schweiz verzeichnen. Der Versuch, Gold zu gewinnen (u. a. bei Schandau und Hohnstein) erwies sich bald als vergeblich. Umfangreicher und dauerhafter war die Ausbeute von Eisenerzlagern bei Berggießhübel und die Erzverarbeitung im Bielatal (Hütten, Brausenstein) sowie im Tal der Gottleuba. An verschiedenen Stellen des Gebirges wurde und wird Sandstein gebrochen. Anfänge solcher Arbeiten setzten am Ausgang des 14. Jh. ein; erste Bergordnungen kennen wir aber erst von 1543 (Liebethal) und 1545 (Posta). Höhepunkte des Sandsteinbrechens waren durch die umfangreiche Bautätigkeit in der Zeit des Barocks (17./18. Jh.) und im 19. Jh. bestimmt. Im 20. Jh. ging die Sandsteinverarbeitung beim Bauen zurück.

Seit 1597 ist in Schandau Schiffbau bezeugt; der Betrieb gehört heute zum VEB Schiffswerft Oberelbe. In Postelwitz produzierte bis 1954 die einzige binnenländische Ankerschmiede. — Holzflößerei ist auf der Biela erstmals 1588 nachgewiesen. Am oberen Flußlauf der Kirnitzsch wurden im 16. Jh. Staustufen gebaut (Obere und Niedere Schleuse), um einen kontinuierlichen

Ehemaliger Hochofen Brausenstein im Bielatal

Stadt Wehlen, Stadtwappen von 1742 am Ratskeller

14

Abtransport der Stämme zu gewährleisten. In den Tälern der kleinen Nebenflüsse der Elbe entstanden zahlreiche Mühlen zum Holzschnitt, zum Mahlen von Getreide u. a. Seit dem 16. Jh. mußten der Landesherrschaft Fuhr- und Jagdfronen geleistet werden. Da das Wild schweren Schaden auf den Feldern der Bauern verursachte, erhoben sich diese Ende Mai 1790 in Lohmen, Dorf Wehlen und anderen Orten gegen das herrschaftliche Jagdrecht. Die große Unzufriedenheit der Bauern führte unter dem Einfluß der Französischen Revolution zum Sächsischen Bauernaufstand, der im Gebiet von Wehlen seinen Anfang nahm und sich rasch in die Dresdner Umgebung ausdehnte.

Nach der industriellen Revolution wandelte sich die Wirtschaftsstruktur grundlegend, und es verdichtete sich das Verkehrsnetz. 1837 wurde die Dampfschiffahrt auf der Elbe aufgenommen. 1848 verband eine Eisenbahnlinie Dresden mit Pirna; drei Jahre später reichte der Schienenstrang bis Děčin. 1875/77 entstanden die Elbbrücken in Pirna und Bad Schandau. Danach wurden die Nebenverbindungen nach der Lausitz möglich. Für den seit dem 2. Drittel des 20. Jh. stark angestiegenen Straßenverkehr ist neben der alten Schandauer Brücke ein Stück elbaufwärts eine neue Straßenbrücke gebaut worden.

In Pirna wuchsen Ende des 18. Jh. aus Handwerksbetrieben kleine Fabriken (1781 Kattundruckerei, 1817 Steingut- und Tonwarenfabrik). In der 2. Hälfte des 19. Jh. kamen Betriebe für den Maschinenbau (1873), Zellulose (1886) und Kunstseide (1909) hinzu, deren Nachfolger heute einen wesentlichen Teil der industriellen Produktion der Stadt ausmachen. Sebnitz wurde vom Anfang des 19. Jh. bis zur Mitte des 20. Jh. ein Zentrum der Kunstblumenherstellung, das durch Heimarbeit die umliegenden Dörfer in seinen Bann zog. In anderen Orten entwickelten sich kleinere Industriebetriebe.

Seit dem Anfang des 19. Jh. vergrößerte sich die Einwohnerzahl der Dörfer. Viele Dorfbewohner arbeiteten nun in entfernten Industriebetrieben, in Steinbrüchen oder waren im Transportwesen tätig. Das veränderte sich bis zur Gegenwart nur graduell. Weitgehend weggefallen ist die Steinbrucharbeit, hinzugekommen die Tätigkeit im Erholungswesen. Grundlegend wandelten sich allerdings die Eigentumsverhältnisse in der Landwirtschaft. Mit der Genossenschaftsbildung in den fünfziger Jahren entstanden leistungsfähige landwirtschaftliche Großbetriebe.

In einigen Orten des Gebirges gab es schon seit dem ausgehenden 18. Jh. einen begrenzten Bade- und Kurbetrieb (Berggießhübel seit 1722, Schandau ab 1799). Bad Schandau (seit 1920) ist das einzige Kurbad geblieben, Gohrisch und Rathen sind als Kurorte staatlich anerkannt. Der aufkommende Fremdenverkehr seit der 2. Hälfte des 19. Jh. hat zahlreiche Orte, besonders im Elbtal, zu ausgesprochenen Touristenzentren werden lassen, und heute sind nahezu alle Orte in das Erholungswesen einbezogen.

Trotz der großen Bedeutung des Erholungswesens in der Sächsischen Schweiz sind die traditionellen Wirtschaftszweige überall im Territorium spürbar. Neben der flächendeckenden Land- und Forstwirtschaft wird das Elbtal vom Verkehrswesen mit der völkerverbindenden Transitstrecke zwischen der DDR und der ČSSR beherrscht. Bedeutende Industriebetriebe haben im Territorium ihren Sitz, und im benachbarten Ballungsgebiet von Pirna, Heidenau bis Dresden arbeitet ein großer Teil der hier wohnenden Bevölkerung. Zahlreiche kulturhistorische Objekte, wie Festung Königstein, Burg Hohnstein, Altstadt Pirna, sowie Gedenkstätten und Museen, z. B. Heimatmuseum Sebnitz und Bad Schandau, Robert-Sterl- und F.-G.-Keller-Gedenkstätte spiegeln die Wirtschafts- und Kulturgeschichte im Territorium der Sächsischen Schweiz wider.

Pirna – Tor zur Sächsischen Schweiz

Die meisten Zufahrtswege in die Sächsische Schweiz führen auf Grund der geographischen Lage durch Pirna. Das rechtfertigt die Bezeichnung als Tor zur Sächsischen Schweiz. Oberhalb von Pirna ist das Elbtal schmal und eng und wird auf beiden Seiten von felsigen Hängen flankiert, unterhalb beginnt die bis Meißen reichende Dresdner Elbtalweitung mit ihren meist nur allmählich ansteigenden Hängen zur Lausitz und zum Osterzgebirge. Bei Pirna ist der letzte günstige Elbübergang. Er hat die Entwicklung der Stadt wesentlich beeinflußt. Im

Pirnaer Marktplatz

Spätmittelalter war Pirna ein zentraler Handelsplatz. Der Wohlstand des Bürgertums in jener Zeit ist noch heute an vielen Gebäuden zu erkennen (Rathaus, Kirchen, Bürgerhäuser).

Die 750jährige Kreisstadt (etwa 50 000 Einwohner) ist eine bedeutende Industriestadt mit modernen Wohngebieten und pulsierendem Verkehr. Sie hat trotzdem ihr historisch-kleinstädtisches Gesicht bewahrt und bietet zahlreiche baukünstlerische Kostbarkeiten. Der gesamte Altstadtbereich steht unter Denkmalschutz. Die Liebhaber alter Bauwerke, von stolzen Bürgerhäusern und ganzen Straßenfluchten, von stillen Winkeln und romantischen Höfen, aber auch von schönen Toren, eigenwilligen Erkern, sprudelnden Brunnen und anderen interessanten architektonischen Details kommen in Pirna auf ihre Kosten. Beherrscht wird das Stadtbild von drei Dominanten, dem feingliedrigen Turm des Rathauses, dem gewaltigen Bau der Marienkirche mit ihrem steilen Dach und massigen Turm und von den über der Stadt thronenden Anlagen der ehemaligen Festung Sonnenstein.

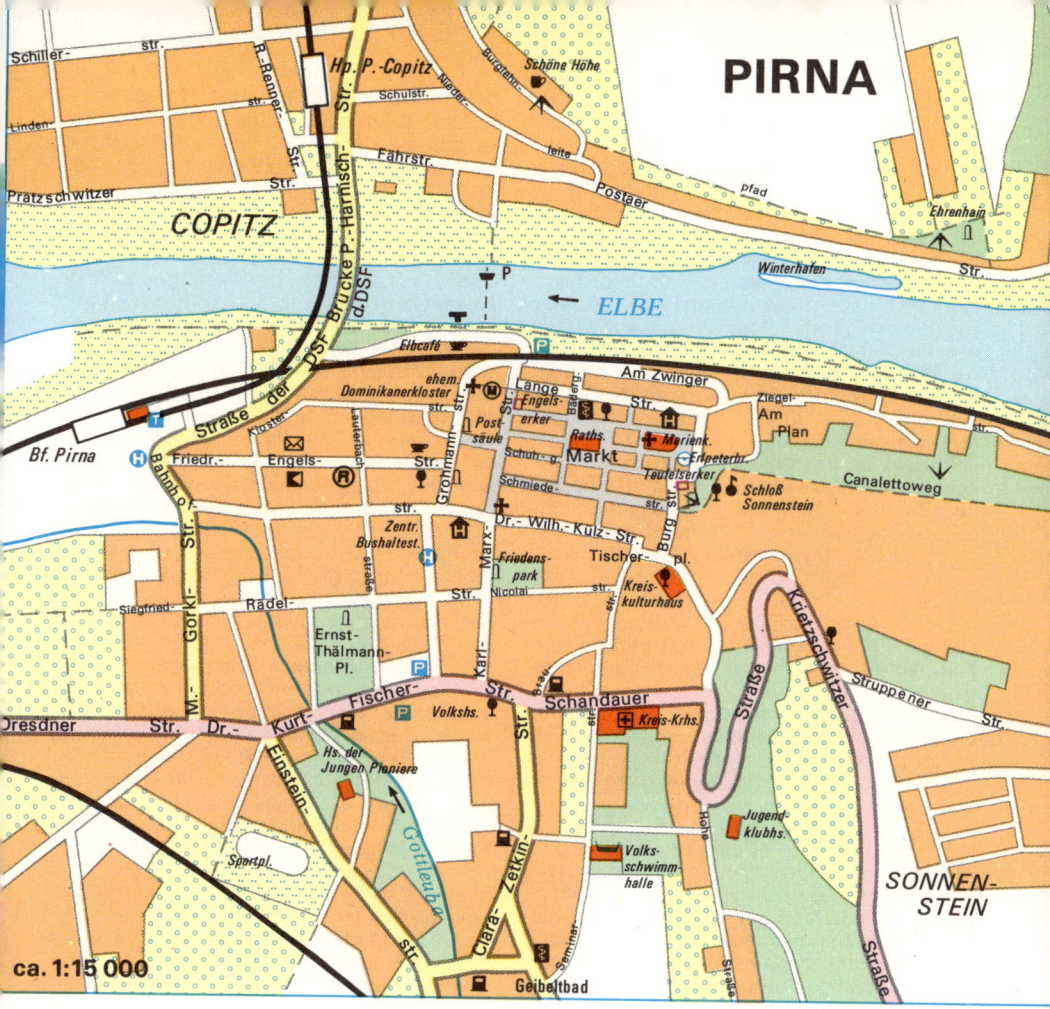

Stadtrundgang
(etwa 2 Std.)

Vom Bahnhof bzw. Busbahnhof aus geht man durch die Friedrich-Engels-Straße, eine Geschäftsstraße mit Post, Kino und Stadtcafé, und erreicht die Parkanlagen des ehemaligen Befestigungsrings der Stadt am Mahnmal für die Opfer des Faschismus. Nur wenige Schritte links davon befindet sich die *Postdistanzsäule* von 1722. Wir gehen in den Parkanlagen weiter, vorbei an einem Anker, der an die Schiffertradition von Pirna erinnert, zum *Kloster-*

hof. Im Kapitelsaalgebäude des ehemaligen Dominikanerklosters aus dem 14./15. Jh. ist das *Stadtmuseum* untergebracht, das Geschichtsmuseum der Stadt und des Kreises Pirna. Es enthält das Kunstseidenmuseum, das der Entwicklung des größten Betriebes der Stadt, dem VEB Kunstseidenwerk „Siegfried Rädel" gewidmet ist.
Die wiederaufgebaute *Klosterkirche* — sie wurde noch in den letzten Kriegstagen 1945 durch Bomben schwer beschädigt — dient katholischen Gottesdiensten. Auf dem weiteren Weg wird der Blick zur Elbe durch den hohen Bahndamm versperrt, an dem

17

links noch das alte Bahnhofsgebäude von 1848, genutzt bis 1875, steht. Gleich der erste Durchgang unter der Bahn im Zuge der Karl-Marx-Straße führt zur Anlegestelle der „Weißen Flotte" und zur Fähre nach Copitz, das auf der anderen Seite der Elbe mit der auf der Höhe liegenden Gaststätte „Schöne Höhe" zu sehen ist.

In der entgegengesetzten Richtung führt die Karl-Marx-Straße und alle von ihr nach links abzweigenden Straßen in die Altstadt von Pirna. Die Karl-Marx-Straße selbst ist zur Fußgängerzone ausgebaut, und im Trubel des Geschäfts- und Fußgängerverkehrs werden oft die architektonischen Feinheiten an den Gebäuden kaum beachtet. Trotzdem ist der zierliche *Engelserker* am Eckhaus zur Barbiergasse nicht zu übersehen. In den Nebenstraßen sind an zahlreichen Bürgerhäusern schöne Portale, barocke Verzierungen und künstlerische Ausschmückungen zu finden. Vom Ende der Schuhgasse ergibt sich dann der berühmte, schon von Canaletto um 1750 gemalte Blick auf den *Markt*. Der rechteckige Platz wird von dem frei darauf stehenden Rathaus in den Ober- und Untermarkt gegliedert, drei Brunnen lockern die Flächen weiter auf. Das *Rathaus*, bei dem sich durch zahlreiche Umbauten Stilelemente aus fünf Jahrhunderten widerspiegeln, ist das repräsentativste bürgerliche Bauwerk der Stadt. Beachtenswert die Kunstuhr (1612) am Turm in 3 Etagen: goldschwarze Mondkugel, Zifferblatt und darunter zwei rubinfarbene Löwen am Birnbaum – Wappen der Stadt. Von den *Bürgerhäusern* am Markt sind hervorzuheben und besonders auffallend der steil aufragende Schmuckgiebel des sog. Canalettohauses, Markt 7 (Renaissance, um 1520), das Gasthaus der „Weiße Schwan" mit Hausmarke und Jahreszahl (seit 1699 als Gasthaus und Hotel bekannt, Markt 19), die Apotheke zum Löwen (mörserstampfender Löwe als Hauszeichen, Markt 17) sowie die Portale an den Häusern Markt 3 (spätgotisch mit Sitznischenportal, um 1500) und Markt 9 (Barockportal 1673).

Hinter der Häuserfront an der Ostseite des Marktes liegt die *Stadtkirche St. Marien.* Die gewaltige spätgotische Hallenkirche entstand in der 1. Hälfte des 16. Jh. an der Stelle einer älteren Kirche. Die gotischen Stilelemente sind besonders im Innenraum an den Pfeilern und den Rippen der Gewölbe, in den Fenstern, Ornamenten und Figuren beeindruckend. Der etwa 65 m hohe Turm ist in seiner Anlage älter als die Kirche, dreimalige Änderungen der Baukonzeption sind an den verschiedenen Turmquerschnitten erkennbar.

Im Gegensatz zum regelmäßigen Stadtgrundriß westlich des Marktes ist das Straßennetz um und hinter der Kirche unregelmäßig gestaltet. Das Eckhaus links, Niedere Burgstr. 1, ist der bedeutendste Renaissancebau der Stadt mit prächtigem Portal und Reliefbildnis des Baumeisters, heute Hotel Deutsches Haus (ohne Gaststätte). Weiter in Richtung Elbe gelangt man in die alte, früher außerhalb der Stadtmauer gelegene *Schifftorvorstadt.* Sie hat heute noch im „Dörfchen um den Plan" ein sehenswertes, romantisches kleines Ortszentrum. Wir gehen zurück, wieder an der Kirche vorbei zum *Erlpeterbrunnen,* bereits 1384 genannt, Figur von 1908, und dem berühmten *Teufelserker* (Renaissance) in der Oberen Burgstraße 1. Nicht weit davon entfernt beginnen die Schloßtreppen, die uns zur *ehemaligen Festung Sonnenstein* führen. Außer den Gaststätten sind die meisten Gebäude dieses Komplexes nicht öffentlich und werden von Betrieben und staatlichen Einrichtungen genutzt. Begehbar sind aber die Bastionen der Festungsanlagen, von denen sich schöne Blicke auf Pirna und das Elbtal bieten. Hinter den älteren, von der Stadt aus sichtbaren Bauwerken der ehemaligen Festung befinden sich neuere Gebäude, die aus dem 19. Jh. stammen, als das gesamte Gelände zu einer Heilanstalt für Geisteskranke eingerichtet wurde. Heute schließen sich daran moderne Gebäude von Großbetrieben und Forschungsinstituten an sowie ein weiträumiges Neubaugebiet mit allen Nachfolgeeinrichtungen.

Wir verlassen den Sonnenstein im Zickzack über Hausberg und Bergstraße und kommen an den kleinen Häusern der Hausberggemeinde vorbei, in denen einst die Bediensteten und Burgmannen der Festung gewohnt haben. Auf der anderen Straßenseite steht das *Kulturhaus Tanne.* Über den Tischerplatz wird die Promenade entlang der Dr.-Wilhelm-Külz-Straße erreicht, die auf dem ehemaligen Obergraben angelegt ist und die Altstadt nach Süden begrenzt. Hinter der katholischen St. Kunigundenkirche sind noch Reste der alten Stadtmauer vorhanden. Am *Platz der Solidarität,* einem Verkehrsknotenpunkt der Stadt mit Hotel Schwarzer Adler und dem Glaspavillon, einer kleinen Ausstellungshalle, wird wieder die Hauptstraße der Stadt, die Karl-Marx-Straße, erreicht. Sie setzt sich von hier aus nach links als breite Geschäftsstraße fort. Die geschlossenen Häuserfronten werden nur links durch den Friedenspark (sowjetisches Ehrenmal) unterbrochen. Am oberen, südlichen Ende der Karl-Marx-Straße befindet sich auf der Dr.-Kurt-Fischer-Straße das traditionsreiche *Volkshaus*, eine Gedenkstätte der Pirnaer Arbeiterbewegung, jetzt HO-Gaststätte. Der Rückweg zum Bahnhof kann über den *Ernst-Thälmann-Platz* genommen werden. Er weist mit seinen Grünanlagen und den ihn umgebenden Schulen, medizinischen Einrichtungen und Verwaltungsgebäuden eine moderne Raumgestaltung auf.

Übernachtungen: Hotel Deutsches Haus, Niedere Burgstr. 1; Hotel Schwarzer Adler; JH Copitz, Birkwitzer Str. 51.

Kultur- u. Sportstätten: Stadtmuseum, Klosterhof 2; Ausstellungen im Glaspavillon, Platz der Solidarität; UT-Lichtspiele, Fr.-Engels-Str. 11; Kreiskulturzentrum, Bergstr. 2; Naherholungszentrum, Copitz; Volksschwimmhalle; Freibad, Geipeltbad.

Gaststätten (Auswahl): Tanne, Bergstr. 2; Volkshaus, Dr.-K.-Fischer-Str. 3; Klub der Bergarbeiter, Am Markt 19; Clubhaus Schloßschänke; Sonnenstein; Glück Auf, Leninstr.; Schöne Höhe, Oberleite 7; Café Central, Sonnenstein, Krietzschwitzer Str. 3; Schloßcafé; Barbiergasse 16; Elbcafé, Brückenstr.; Café Děčín, Platz d. Solidarität.

Taxi: VEB Kraftverkehr, Bahnhofsvorplatz, Tel. 30 40.

Kfz-Service: VEB Autoreparaturwerk, Zehistaer Str. 1, Tel. 25 87.

Medizinische Einrichtung: Kreispoliklinik, S.-Rädel-Str. 11, Tel. 81 50.

Basteigebiet

Die Bastei und ihre Umgebung

Die Bastei ist das älteste und bedeutendste Touristenzentrum im vorderen Teil der Sächsischen Schweiz. Weltberühmt ist der Blick über das Elbtal auf die Tafelberge der Sächsischen Schweiz bis weit in die benachbarten Landschaften. Die beeindruckende Felsszenerie in der unmittelbaren Umgebung vermittelt einen hervorragen-

den Einblick in die Landschaft und bringt den Besucher in direkten Kontakt mit den Felsen wie an kaum einer anderen Stelle der Sächsischen Schweiz.

Das über 800 ha große „NSG Bastei" besteht aus der bewaldeten Basteihochfläche (300 m), die durch zahlreiche trockene Felsschluchten zerschnitten ist. Sie bricht in großartigen Felsfluchten zur Elbe und in stark aufgelösten Felsriffen zum Amselgrund ab. Der am weitesten zur Elbe vorspringende schmale Felsrücken ist die eigentliche *Bastei*, die auf der vordersten Spitze, nur 130 m von der Elbe entfernt, aber 190 m über ihr, den mit einem Eisengeländer versehenen Aussichtspunkt trägt. Auf der kleinen freien Fläche kurz dahinter entstanden 1812 die ersten „Rindenhütten" mit einfachster Bewirtschaftung, noch weiter zurückliegend in den Felsen eingebaut 1825 das erste feste Gasthaus. Nach mehreren Erweiterungsbauten erfolgte 1975/79 der vollständige Neubau der heutigen Gaststätte unter Verwendung einheimischen Baumaterials bei guter Anpassung an die landschaftlichen Bedingungen. Die Nebenanlagen und Parkplätze erstrecken sich entlang der Basteistraße bis weit in das Hinterland.

Neben der Hauptaussicht sind für den Touristen folgende Aussichtspunkte und Objekte besuchenswert: die *Terrasse am Verkaufskiosk* vor dem Haupteingang zur Gaststätte mit Blick in die Vogeltelle, durch die von 1812/1825 der Aufstieg zur Bastei erfolgte. Vom Weg nach Rathen zweigt noch vor der Basteibrücke links der Weg zum *Ferdinandstein* (F.) ab. Dieser Aussichtspunkt mit Rückblick auf die Basteibrücke, die Steinschleuder und den Lilienstein in der Ferne, befindet sich inmitten einer Gruppe von Kletterfelsen, von denen der „Große Wehlturm" direkt über der im Wehlgrund liegenden Felsenbühne Rathen der bedeutendste ist.

Nach kurzem Abstieg erreicht man die 76 m lange *Basteibrücke* über die Mardertelle. Die erste 1825 erbaute hölzerne Brücke wurde 1851 durch die heute als „Technisches Denkmal" geschützte steinerne Brücke ersetzt. Inschriften erinnern u. a. an die beiden Erschließer der Sächsischen Schweiz, Götzinger und Nicolai. Der massige Felsen neben der Brücke auf der Elbseite, die „Steinschleuder" mit einer langen Stufenreihe an der Ostseite, gehörte schon zum Befestigungssystem der Felsenburg Neurathen. Nach der anderen Seite

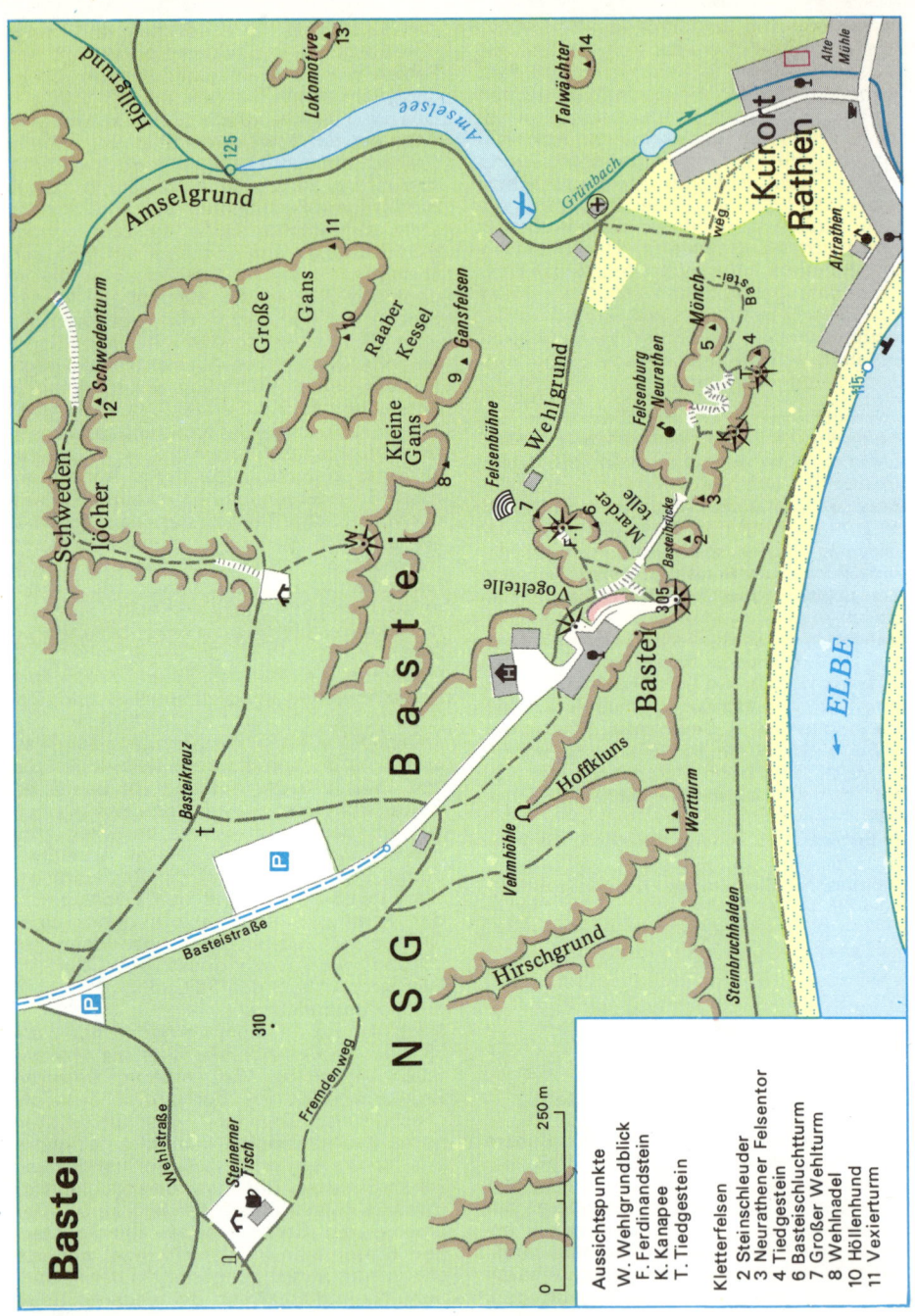

Bastei

Aussichtspunkte
W. Wehlgrundblick
F. Ferdinandstein
K. Kanapee
T. Tiedgestein

Kletterfelsen
2 Steinschleuder
3 Neurathener Felsentor
4 Tiedgestein
6 Basteischluchtturm
7 Großer Wehlturm
8 Wehlnadel
10 Höllenhund
11 Vexierturm

250 m

ELBE

Elbe

Kurort Rathen

Amselsee

Höllgrund

Amselgrund

Lokomotive 13

Talwächter 14

Alte Mühle

Altrathen

Grünbach

Mönch

Felsenburg Neurathen

Wehlgrund

Große Gans 11

Raaber Kessel 10

Gansfelsen

Kleine Gans 9

Felsenbühne 8

Schwedenturm 12

Schweden-löcher

W.

Bastei

NSG

Basteikreuz

Bastelstraße

Wehlstraße

Fremdenweg

Steinerner Tisch

310

Marder zelle

Vogeltelle

305

Hoffkluns

Vehmhöhle

Wartturm 1

Hirschgrund

Steinbruchhalden

125

305

20

Wehlgrund mit Felsenburg Neurathen

beeindrucken der Blick auf die gegenüberliegenden Kletterfelsen an der Großen und Kleinen Gans.

Das „Neurathener Felsentor" am östlichen Ende der Brücke führt direkt zur *Felsenburg Neurathen*. Sie ist nach gründlicher Rekonstruktion seit 1984 wieder zur Besichtigung freigegeben. Ein interessanter Rundgang auf dem ehemaligen Wehrgang der 1469 zerstörten Burg mit kühnen, heute eisernen Brückenkonstruktionen berührt die einzelnen Räume und Höfe. Tafeln erläutern die Objekte, wie Steinkugeln, Inschriften, die sehenswerte Zisterne u. a. Ausgrabungsfunde sind in einem Schaukasten an der Bastei-Gaststätte ausgestellt. Als äußerster Punkt gehört der mit der Blechfigur gekrönte Kletterfelsen „Mönch" zur Anlage der Felsenburg.

Zwei in die Felsen gehauene Aussichtspunkte auf dem Weg nach Rathen gewähren ähnliche Blicke in das Elbtal wie von der Bastei, das *Kanapee* oberhalb und die Aussicht am *Tiedgestein* (Rosenbettfels) unterhalb der großen, gebauten Felsengasse des Basteiweges nach Rathen.

Auf der Basteihochfläche erreicht man, von der Bastei ausgehend, von der Straße aus nach links in 10 Min. den *Steinernen Tisch*, errichtet 1710 anläßlich einer kurfürstlichen Jagdgesellschaft (Gst) und nach rechts in ebenfalls 10 Min. vom Rastplatz am Eingang zu den Schwedenlöchern den *Wehlgrundblick*.

1. Wanderung: Vom Kurort Rathen zur Bastei und zurück

Kurort Rathen – Basteiweg – Schwedenlöcher – Kurort Rathen (6 km; 2,5 Std.); Markierung: blaues Andreaskreuz (bis Amselfall); normale Wanderwege.

Der kürzeste Aufstieg aus dem Elbtal auf die Bastei erfolgt vom Kurort Rathen aus. Noch heute bildet dieser Weg ein kleines, attraktives Stück auf dem Hauptwanderweg der DDR Wernigerode – Zittau (Markierung blaues Kreuz) gleichzeitig Internationaler Bergwanderweg der Freundschaft Eisenach – Budapest (Markierung: EB).

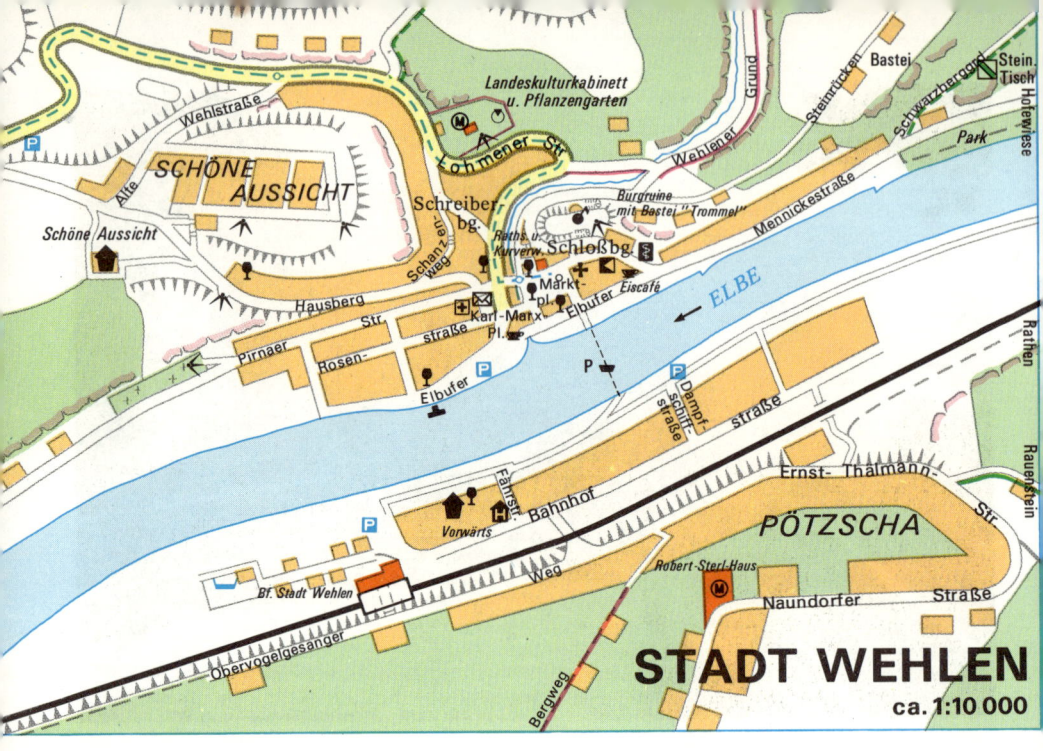

Aus dem ehemaligen Dorf der Schiffer, Fischer und Steinbrecher ist längst ein attraktiver Ferienort geworden. Er besteht aus den beiden Ortsteilen *Oberrathen*, linkselbisch mit Bahnhof und Parkplatz an der einzigen öffentlichen Zufahrtsstraße nach Rathen (Abzweigung in Struppen, vorbei an Thürmsdorf und Weißig) und *Niederrathen*, rechtselbisch an der Einmündung des Grünbaches und mit den Schiffsanlegestellen. Die beiden Ortsteile verbindet eine Gierseilfähre (320 Personen), die in der Sommersaison den Touristenstrom kaum bewältigen kann. Zwischen die Ausflügler und Urlauber mischen sich die an ihrer Ausrüstung erkennbaren Bergsteiger, da das Basteigebiet eines der wichtigsten Klettergebiete der Sächsischen Schweiz ist.
Über den Anlegestellen sind an einem Türmchen und alten Mauern die Reste der *Burg Altrathen* (zum Teil jetzt Ferienheim) zu erkennen, früher Bestandteil der ausgedehnten Anlagen der viel höher liegenden *Felsenburg Neurathen*. Die Besitzer der beiden im 13. bis 15. Jh. mehrmals genannten Burgen von Rathen waren meist böhmi-

sche Rittergeschlechter, die schließlich wegen Landfriedensbruch in Ungnade fielen, so daß ihre Burgen 1469 zerstört werden mußten.
Der *Basteiweg* beginnt mitten im Ort gegenüber der Gaststätte „Amselgrundschlößchen". 190 m Höhenunterschied sind auf dem stets fast gleichmäßig ansteigenden Weg zu überwinden. Im oberen Teil, wenn sich die Blicke in das Elbtal öffnen, windet sich der Weg steil durch die Felsengasse, die bereits zum Gelände der Felsenburg Neurathen gehört. Über die Basteibrücke wird schließlich die Bastei selbst erreicht.
Ein zweiter Weg führt von Rathen aus durch die Schwedenlöcher auf die Bastei. Erst 1886, also wesentlich später als der Basteiweg, ausgebaut, gehört er heute zu den Hauptwanderwegen der Sächsischen Schweiz. Beide Wege werden oft als Rundweg begangen; der Weg durch die Schwedenlöcher wird hier als Abstieg von der Bastei beschrieben. Im Gegensatz zum Basteiweg konzentriert sich der zu überwindende Höhenunterschied von 170 m allein

auf das Wegestück durch die Schwedenlöcher selbst. Der Weg von der Bastei bis zum Rastplatz am Beginn der Schwedenlöcher (15 Min.) ist genau so bequem wie der Weg im Amselgrund bis nach Rathen (20 Min.). Vor dem Eintritt in die Schwedenlöcher ist ein Abstecher zum Wehlgrundblick (5 Min.) zu empfehlen, da auf dem weiteren Weg keine Aussichtspunkte mit Fernblick vorhanden sind.

In den *Schwedenlöchern,* die ihren Namen von den Verstecken der Bevölkerung während des Dreißigjährigen und des Nordischen Krieges erhalten haben, ist die Struktur des Sandsteines der Sächsischen Schweiz, die Schichtung und Klüftung, der Aufbau und die Zerstörung, das Werden und Vergehen der Landschaft gut zu beobachten. Das gilt besonders für den unteren Teil, wo sich der Blick auf den Kletterfelsen „Schwedenturm" öffnet und der Weg durch ein Felsengewirr windet, und ebenso für die letzte lange Stufenanlage in den Amselgrund, von der aus die Erosionsschäden am Talhang unterhalb der Felsen deutlich zu erkennen sind.

Auch am unteren Ende der Schwedenlöcher lohnt ein Abstecher, diesmal den Amselgrund aufwärts bis zum *Amselfall* (5 Min.) mit Gst. Der aus dem Granitgebiet kommende und daher ständig Wasser führende Grünbach begleitet den abschließenden Weg nach Rathen.

Eine landschaftliche Abwechslung und echte Bereicherung für den Touristenverkehr stellt der 1934 angelegte und etwa 500 m lange *Amselsee* mit seinem stets lebhaften Bootsverkehr dar. Immer wieder öffnen sich Blicke auf die im Umkreis hoch über dem Wald aufragenden Kletterfelsen Lokomotive, Talwächter, Mönch, Kleine Gans sowie Höllenhund und Vexierturm am Massiv der Großen Gans. Nach dem Passieren der 6 m hohen Sperrmauer des Amselsees kommen wir an den ersten Häusern von Rathen, dem im Sommer ständig besetzten Bergunfalldienst (BUD) und der Kasse am Eingang zur Felsenbühne Rathen, vorbei.

Die *Felsenbühne* selbst wird erst nach einem Fußweg von 10 Min. mit einem Anstieg von etwa 60 m erreicht. Sie ist mit über 2000 Plätzen eines der größten und mit der malerischen Felskulisse im Wehlgrund zwischen dem Großen Wehlturm und der Kleinen Gans eines der schönsten Freilichttheater in unserer Republik.

2. Wanderung: Von Stadt Wehlen zur Bastei und zurück

Stadt Wehlen – Wehlener Grund – Höllengrund – Steinerner Tisch – Bastei – Schwarzberggrund – Stadt Wehlen (10 km; 3 Std.); Markierung (bis Bastei): roter Punkt; normale Wanderwege.

Für die von Dresden und Pirna mit Bahn oder Schiff Anreisenden ist Stadt Wehlen das erste Touristenzentrum der Sächsischen Schweiz; von hier aus öffnet sich erstmalig der Blick auf die Felswände des Basteigebietes.

Stadt Wehlen (1700 Einwohner) gehört zu den kleinsten Städten im Bezirk Dresden, was auch durch den volkstümlichen Namen „Wehlstädtel" für die eigentliche Stadt im Elbtal zum Ausdruck kommt. Mit ihren Ortsteilen Zeichen und Pötzscha zieht sich Stadt Wehlen kilometerlang auf beiden Seiten der Elbe hin, da selbst in dem hier einmündenden Wehlener Grund keine weitere Ausdehnung der Stadt landeinwärts erfolgt ist. Der kleine *Marktplatz* mit Rathaus und Kirche bildet das Zentrum des Städtchens, darüber erhebt sich der Schloßberg mit Mauerresten der aus dem 13. Jh. stammenden Anlagen. Besuchenswert ist außerdem der *Pflanzengarten* sowie das Landeskulturkabinett des Kulturbundes der DDR. Im Ortsteil Pötzscha befinden sich außer dem Bahnhof noch das Freibad und schon etwas auf der Höhe, zur Gemeinde Naundorf gehörig, das *Robert-Sterl-Haus* (Gedenkstätte mit Grab) des impressionistischen Malers Robert Sterl.

Der bequemste und zugleich schönste Weg auf die Bastei führt von Stadt Wehlen aus durch die Gründe. Auf der einzigen Zufahrtsstraße zur Stadt geht man durch den Torbogen und kommt, in der Straßenkurve abzweigend, zunächst in den *Wehlener Grund.* Stets rechts haltend, folgen der Zscherre- und zuletzt der Höllengrund. Bei der meist geringen Wasserführung, in manchen Jahren sogar gänzlichen Austrocknung der Gründe, ist die einstige Kraft des Wassers kaum vorstellbar, die zur Entstehung der Gründe geführt hat. Ganz allmählich ansteigend, wird der *Steinerne Tisch* erreicht, von dem man auf dem Fremdenweg zur Bastei gelangt.

Als Abstieg vom Steinernen Tisch zum *Schwarzberggrund,* durch den man Stadt Wehlen am Kurgarten bei den letzten Häusern im Elbtal erreicht.

3. Wanderung: Von Lohmen zur Bastei

Lohmen – Waldidylle – Steinerner Tisch – Bastei (8 km, 2 Std.); normale Wanderwege.

Das langgestreckte große Dorf *Lohmen* (3800 Einw.) ist die älteste Eingangspforte in die Sächsische Schweiz. Von der Ortsmitte führt ein gekennzeichneter Weg durch den neueren Ortsteil Hohle hinter der Friedenslinde über den Brückwaldweg in den *Schleifgrund*. Nach dem Passieren des früher romantisch verherrlichten Felsentores geht er an der Gaststätte *„Waldidylle"* in den Uttewalder Grund über. An dem großen Wegabzweig kommt von rechts der Wehlener Grund von Stadt Wehlen, nach links führen Zscherre- und Höllengrund zum *Steinernen Tisch* und zur Bastei.

4. Wanderung: Auf den Rauenstein

Bf. Stadt Wehlen – Damengrund – Bärensteine – Rauenstein – Kammweg – Pudelstein – Stadt Wehlen oder Rathen (9 km, 3 Std.); Markierung: roter Strich, ab Rauenstein grünes Dreieck; Wanderung auf dem Rauenstein-Kammweg ist beschwerlich.

Über die etwa 240 m hoch gelegene Ebenheit auf der anderen Seite der Elbe gegenüber der Bastei erheben sich der Rauenstein (304 m), der Große Bärenstein (329 m) und der Kleine Bärenstein (338 m). Diese vordersten und deshalb auch niedrigsten Tafelberge der Sächsischen Schweiz sind von Stadt Wehlen und Kurort Rathen sowie von den Ferienorten Naundorf, Thürmsdorf und Weißig aus leicht zu erreichen. Während auf die Bärensteine nur unmarkierte Pfade führen, verläuft über den Rauenstein ein beliebter Wanderweg, der als Kammweg schöne Ausblicke gewährt und eindrucksvoll die Felslandschaft der Sächsischen Schweiz zeigt. Die zwischen den Bergen liegenden Trockentäler widerspiegeln die charakteristische Wasserarmut dieser Landschaft.
Gleich hinter dem Bahnübergang im Ortsteil Pötzscha von Stadt Wehlen geht es den Bergweg steil hinauf, die Straße nach Naundorf kreuzend, durch den Damengrund auf die Ebenheit. Weiter zwischen beiden *Bärensteinen* hindurch, bis sich am Waldrand der Blick zum Lilienstein öffnet. Nach links absteigend, werden das Trockental zwischen Großem Bärenstein und

Rauenstein gekreuzt und die Felder von Weißig am Südfuß des Rauensteines erreicht. In einem steilen Aufstieg gelangt man zum kleinen Gasthaus auf der östlichen Kuppe des *Rauensteines*. Nun folgt der genuß- und aussichtsreiche Kammweg mit ständigem Auf und Ab über Felsgrate, Schluchten und Treppen über den Rauenstein. Am westlichen Ende kann durch einen kleinen Abstecher nach links der *Pudelstein* (ein geologisches Naturdenkmal) besucht werden. In westlicher Richtung weiter geht es zurück nach Stadt Wehlen. Nach rechts abzweigend, gelangt man nördlich um den Rauenstein herum zum *Laasenstein* mit schönem Blick auf Rathen und die Bastei und schließlich nach Rathen selbst.

Lohmen
Gaststätten: Erbgericht, Basteistr. 17; Meißner Hochland, Basteistr. 96; Gst Mühlsdorf; Gh Uttewalde (Ferienh. m. Gst); Bauernschänke Doberzeit (Ferienh. m. Gst).

Rathen
Übernachtung: JH Karl Stein.
Kultur- u. Sportstätten: Felsenbühne Rathen; Felsenburg Neurathen; Bootsausleihe auf Amselsee.
Gaststätten: Amselgrundschlößchen, Nr. 106; Sonniges Eck, Nr. 9 b; Café Elbschlößchen, Nr. 27 c; Erbgericht, Nr. 15 B; Bahnhotel, Nr. 11 B.
Medizinische Einrichtung: Bergunfallhilfsstelle, Amselgrund, Tel. Wehlen 4 47.

Rathewalde
Gaststätten: Fortschritt (Ferienh. m. Gst); Café Rathewalder Mühle.
Freibad

Wehlen
Kultur- und Sportstätten: Heimatmuseum u. Landeskulturkabinett u. Pflanzengarten, Lohmener Str. 18; Robert-Sterl-Haus, Naundorfer Str. 99; Schwimmbad.
Gaststätten: Einheit, Markt 3; Dampfschiffhotel, Elbufer 4; Café Richter, K.-Marx-Platz 4; Eisdiele Elbterrasse, Kirchstr. 6; Strandidyll, Hofewiese 19.
Taxi: H. Gröger, Steinrücken 20, Tel. 4 55.
Ausflugsgaststätten im Basteigebiet: Steinerner Tisch (1 km v. Bastei); Waldidylle (2 km v. Wehlen); Amselfall (2 km v. Rathen); Fährhaus Zeichen (3 km v. Wehlen); Rauenstein (300 m hoch, 2 km v. Rathen); Hocksteinschänke (2 km v. Rathewalde).

Hohnstein

Hohnstein

Das Wandergebiet Hohnstein wird geprägt durch das tief eingeschnittene Polenztal mit seinen Naturschutzgebieten und botanischen Kostbarkeiten sowie durch die ganz unterschiedlichen Landschaftsbilder im Sandstein- und Granitgebiet, da die *Lausitzer Störung,* die Grenzlinie zwischen beiden Gesteinsarten, mitten durch Hohnstein verläuft.

Stadt und Burg Hohnstein

Die kleine Stadt, hoch über dem Polenztal in bergiger Gegend liegend, ist ein wichtiges Touristenzentrum in der Sächsischen Schweiz (7000 Urlauber jährlich in den Ferienheimen). Das Panorama wird beherrscht von der *Jugendburg „Ernst Thälmann",* einer der größten Jugendherbergen der DDR (20 000 Jugendliche jährlich). Jahrhundertelang war die Burg Verwaltungssitz des kursächsischen Amtes Hohnstein und ein berüchtigtes Gefängnis, vor allem 1933/34, als etwa 5600 Antifaschisten in einem der ersten Konzentrationslager während der faschistischen Diktatur hier eingekerkert waren. Zahlreiche Gedenkstätten und Tafeln in der Burg und in der Umgebung von Hohnstein erinnern daran. Die Gedenkstätte sowie eine Naturwissenschaftliche Lehrschau in der Jugendburg sind für die Öffentlichkeit zugänglich.

Mittelpunkt des Städtchens ist der *Markt* mit der *barocken Kirche*, 1725/28 von George Baehr erbaut (Originalbemalung wurde freigelegt, Barockorgel von 1721) sowie mehreren *Fachwerkbauten*, wie Rathaus (17. Jh.) und Apotheke (etwa 250 Jahre alt) und Gebäude an der Oberen Straße. Sehenswert ist das eingeschossige, mit Schindeln gedeckte *ehemalige Puppenspielhaus* mit dem kleinen Türmchen und dem „Hohnsteiner Kasper" als Wetterfahne.

Hohnstein besitzt keine Industrie und ist verkehrsmäßig nur über steile, kurvenreiche Straßen erreichbar. Die einstmals vorhandene Schmalspurbahnlinie nach Kohlmühle im Sebnitztal wurde 1951 abgebaut.

Übernachtung: Jugendburg „Ernst Thälmann", Markt 1.

Kultur- und Sportstätten: Mahn- u. Gedenkstätte Jugendburg „Ernst Thälmann"; Naturwissenschaftliche Lehrschau; Lichtspieltheater; Freibad.

Gaststätten: Weißer Hirsch, Obere Str. 1; Gh Meschke, Neustädter Str. 1; Zur Aussicht, Am Bergborn 7; Tagescafé, Markt 6; Burgcafé, Jugendburg.

Taxi: E. Radke, Rathausstr. 15, Tel. 2 30.

Ausflugsgaststätten: Rußmühle (2 km v. Hohnstein); Brand (3 km v. Hohnstein).

---

5. Wanderung: Der Lehrpfad Hohnstein

Hohnstein, Paul-Mai-Weg – Polenztalbrücke – Wartenbergstraße – Hockstein – Wolfsschlucht – Schindergraben – Gautschgrotte – Bärengarten – Hohnstein (6 km, 4 Std.). Lehrpfad (grüner Schrägstrich) mit etwa 60 Erläuterungstafeln; vorheriger Besuch der Naturwissenschaftlichen Lehrschau (Geologie, Flora und Fauna des Wandergebietes) ermöglicht umfassenden Einblick.

Der Paul-Mai-Weg führt ins Polenztal. Eine gewölbte Steinbrücke, bereits 1813 durch napoleonische Truppen über die Polenz errichtet, wurde beim Bau der Wartenbergstraße 1922 erneuert. An der *Wartenbergstraße* ist der geologische Aufschluß der Lausitzer Störung als geologisches Denkmal und auch wegen der artenreichen Vegetation an dieser Stelle interessant. Nach der vierten Kurve wird die Straße verlassen und nach links zum *Hockstein* abgebogen. Vom ausgemeißelten Felsgemach der alten Burganlage (14./15. Jh.) aus ist links eine Felsbrücke sichtbar. Wir gehen nun durch das gotische Felstor zur *Wolfsschlucht* hinab, zur Zeit der Erschließung der Sächsischen Schweiz Anfang des 19. Jh. nur durch die eingehauenen Falze begehbar. Im Polenztal folgen wir dem Bach abwärts und überqueren nach etwa 100 m links die Polenzbrücke zum *Schindergraben*. Auf dem Begangsteig an der unteren Bärengartenmauer wird ein Abstecher zur *Gautschgrotte* (nur vom 15. 5. bis 30. 9. begehbar) unternommen. Schöner Blick auf die Südwand des Klettergipfels „Großer Halben" nach etwa 20 m. Über die untere *Bärengartenmauer* (bemerkenswert die in den Fels gehauene Treppe zur Umgehung des Geheges) kehren wir zum Ausgangspunkt am Markt zurück.

6. Wanderung: Zum Brand

Hohnstein, FDGB-Heim „Hermann Duncker" – Schneise 15 – Forstgraben – Tiefer Grund – Brandstufen – Brand (Gst) (8 km, 2,5 Std.); steiler Aufstieg zum Brand.

Wir gehen zunächst auf dem rot markierten Weg, der aber 200 m danach nach rechts abbiegt, geradeaus auf der Schneise 15 weiter. 20 Min. später wird die Brandstraße überquert und durch den Forstgraben hinab zum Tiefen Grund gestiegen. (Am *Forstgraben* in den Fels eingemeißelte Jahreszahl 1718.) Um den kurz vor der Mündung in den Tiefen Grund an einem einzeln stehenden Stein 25 cm großen eingemeißelten Schlüssel rankt sich folgende Sage: Als im Dreißigjährigen Krieg die Schweden durch Hohnstein zogen, verlangten sie vom Pfarrer den Kirchenschatz. Daraufhin vergrub er den Schlüssel der Kirche an dieser Stelle.

Im *Tiefen Grund* gehen wir etwa 1 km auf der Straße nach rechts. Hoch ragen die mit Moosen und Flechten, besonders der gelben Schwefelflechte, bewachsenen Felswände auf. Der geschützte Waldgeißbart oder Johanniswedel, die Mondviole oder Silberblatt und die Weiße Pestwurz kommen hier sehr häufig vor. Auf der linken Seite ist zwischen den Kilometersteinen 2,4 und 2,3 ein großer Felsüberhang, die sog. „Schandauer Ratsstube". Rechts die „Dastellöcher", die Felsstufen wurden durch die Waldarbeiter mit angelehnten Baumstämmen und den daran befindlichen Aststummeln („Dasteln") überwunden. Beim Weitergehen links im Sandsteinfels eine eingemeißelte Sense, ein Kreuz und die Jahreszahl 1699; hier fand der Sage nach ein Sensenkampf um ein Mädchen statt.

Nach starkem Regen sind gegenüber ein sehr schöner Wasserfall und im Winter herrliche Eisgebilde zu sehen. Nach etwa 500 m beginnen rechts an einem kleinen Parkplatz die 763 „Brandstufen", die auf die Hochfläche zur berühmten Brandaussicht führen. Bei der 200. Stufe 50 m nach links eine sog. „Salzlecke"; der Sandsteintrog mit der Jahreszahl 1819 ist heute ein jagdgeschichtliches Denkmal und diente damals zum Anlocken des Rot- und Rehwildes, denn die Hohnsteiner Burg war auch Jagdschloß. Vom Aussichtspunkt auf die „Hafersäcke" (etwa 100 m rechts) sehen die bedeutenden Klettergipfel „Brandkegel", „Hafersackkrone" und „Viermännerturm" wie zugebundene aufrechtstehende Getreidesäcke aus.

Die „Brandaussicht" (317 m) an der Gaststätte bietet ein herrliches Panorama: vom Basteigebiet bis in die Schrammsteine sowie in das Erzgebirge und das Böhmische Mittelgebirge. Auf der Brandstraße (blaues Kreuz) zurück nach Hohnstein; kurz vor der Burgstadt befindet sich auf der linken Seite der Waldborn, auch „Brandplumpe" genannt (seit 1855 diente sie als Wasserversorgung der Brandgaststätte, jetzt Quelle für Wanderer, nachdem sie von Bergsteigern neu gefaßt worden ist).

7. Wanderung: Durch das Polenztal

Hohnstein, FDGB-Heim „Hermann Duncker" – Neuweg (roter Strich) – Waltersdorfer Mühle – Polenztalweg (rotes Dreieck) – Bockmühle (14 km, 4 Std.); empfehlenswert im Frühjahr.

Der Neuweg führt talwärts zur Waltersdorfer Mühle, links ein Wasserfall (die „Kaskade"). Das Wasser verschwindet im Boden und tritt etwa 10 m tiefer zwischen großen Felsblöcken wieder zutage. Der Grund ist mit einem reichhaltigen Schluchtwald aus Laub- und Nadelbäumen, darunter einigen etwa 85jährigen Douglastannen, bewachsen. Auf der rechten Seite im Polenztal erhebt sich der Polenztalwächter (Klettergipfel). Nach etwa 1 Stunde erreichen wir den Fuß des Hocksteins (ein lohnenswerter Abstecher von etwa 25 Min.).

Das Gebäude kurz vor der Straßenkreuzung, die Maimühle, war die ehemalige Amts- oder Schloßmühle. (Erste Erwähnung 1518, 1874 abgebrochen und jetziges Gebäude errichtet.) Von hier aus besteht die Möglichkeit, nach Hohnstein auf dem Paul-Mai-Weg zurückzukehren.

Im Polenztal erlebt man die Gegensätze der beiden unterschiedlichen geologischen Formationen: senkrecht aufragende Sandsteinwände in dem engen Tal zwischen Waltersdorfer und Maimühle, dann das weite Tal mit den sanften Hängen im Granitgebiet.

Die Rußigmühle (Gst), 1849 errichtet, diente als Mahl- und Schneidemühle, Bäckerei und Gaststätte. Nach etwa 5 Min. verläßt der mit rotem Dreieck markierte Weg die Fahrstraße und bleibt im Polenztal, vorbei an den nächsten Mühlen: Heeselichtmühle (1561 erstmalig genannt, 3 Mahlgänge und eine Brettmühle) und der Scheibenmühle (1798 erbaut). Der nun folgende Weg wurde um 1920 angelegt, windet sich oft, teilweise sehr schmal nur aus dem Fels gehauen, 20–30 m über der Polenz an den Hängen entlang. Kurz vor der Bockmühle befindet sich das NSG mit dem größten Wildvorkommen an Märzenbechern in Sachsen. Die Wiesen dürfen nicht betreten werden. Die Wanderung endet an der Bockmühle (Gst). Von der früheren alten Mühle (1543 erstmalig erwähnt) brannten 1926 fast alle Gebäude ab und wurden nicht wieder aufgebaut.

Folgende Möglichkeiten der Heimkehr bestehen: Im Polenztal weiter bis Langenwolmsdorf (4 km); Zugverbindung nach Pirna, Dresden, Bad Schandau oder Sebnitz. Die Straße rechts nach Cunnersdorf (2 km); Busverkehr nach Hohnstein. Nach Hohnstein über Cunnersdorf zu Fuß (7 km Autostraße).

Stadt und Festung Königstein

Im Zentrum der Sächsischen Schweiz liegt am markanten Elbbogen in reizvoller Umgebung Königstein. Aufgrund der ungünstigen topographischen Lage konnte sich die Stadt nur an dem schmalen Elbufer und im engen Tal der Biela entwickeln, deshalb gab es keinen Raum für eine planmäßige Siedlung mit Marktplatz und geordnetem Straßennetz. Die heutige domartige Kirche mit klassizistischem Kanzelaltar wurde 1810/23 errichtet. Sehenswert ist die Post-

Postdistanzsäule in Königstein

distanzsäule von 1727 (1976 rekonstruiert) am Platz der Jugend und am Eckhaus Pirnaer Straße 5 die Hochwassermarkierung. Beachtenswerte historische Gebäude sind u. a. das Schulgebäude (1778), die „Feuersegenhäuser am Schreiberberg und das ehemalige Hotel „Blauer Stern", Pirnaer Straße 15. Das Städtchen verfügt über die reichsten musikgeschichtlichen Traditionen der Sächsischen Schweiz. Mehrere Denkmale und Gedenktafeln erinnern an bedeutende Komponisten und Musikwissenschaftler u. a. an Kreuzkantor *Julius Otto* (1804—1877).

Die Stadt ist nicht nur Touristenzentrum, sondern hier befinden sich wichtige Industriegebiete: VEB Säge- und Betonwerk, VEB Schiffswerft Oberelbe. Im heutigen Stadtteil Hütten setzt der VEB Feinpapierfabrik die Tradition der 1569 errichteten Papiermühle fort. In unmittelbarer Nähe liegen die Gebäude des ehemaligen Bades Königsbrunn. Eine starke, mineralhaltige Quelle begründete um die Jahrhundertwende den guten Ruf dieser Wasserheilanstalt. Verbunden war das Bad 1901/04 mit Königstein durch die Bielatal-Motorbahn, die erste Oberleitungslinie der Welt.

Der Name des Stadtteils Hütten erinnert daran, daß seit Mitte des 15. Jh. im Tal der Biela Hammerwerke und Gießhütten bestanden. Die Königsteiner fanden darüber hinaus auf der Elbe als Schiffer, Flößer, Fischer sowie als Steinbrecher und in den nahe gelegenen Wäldern Erwerbsmöglichkeiten.

Die Stadt ist eng mit der über ihr thronenden Festung verbunden. In einer Urkunde vom 28. April 1379 wird der „Kunigstein mit dem stetil" erwähnt.

Zur *Festung*, die unter Denkmalschutz steht, gelangt man zu Fuß über die Palmschänke oder etwas bequemer auf der alten Festungsstraße.

Aufgrund der zentralen Lage bietet die Festung ausgezeichnete Rundsicht über die Sächsische Schweiz. Vom Gang an der Brustwehr der Festungsmauer hat man die beste Überschau.

Die meisten der heute vorhandenen Bauten stammen aus den Jahren 1589/1631, als der Felsberg unter Kurfürst Christian I. zu einer Festung ausgebaut wurde.

Zu den ältesten Bauwerken gehört neben der Georgenburg das 1428 erbaute *Brauhaus*, die heutige *Magdalenenburg*. In ihren Kellern standen vom 17. bis 19. Jh. riesige Weinfässer. Das größte faßte 250 000 l, war aber nur einmal gefüllt worden und stand von 1725 bis 1819 dort.

Der *Brunnen* lieferte bis 1967 Trinkwasser für die Bewohner. Er war durch Bergleute aus dem Erzgebirge in mühevoller Handarbeit 1563/1569 ausgehauen worden und hat eine Weite von 3,5 m und eine Tiefe von 152,5 m.

Mit dem Bau der unterirdischen Kasematten wurde 1767 begonnen.

Die *Friedrichsburg* ließ August der Starke 1731 zu einem Lustschlößchen umgestalten, und seine Räume dienten intimen Festen des sächsischen Hofs. Das Gebäude ist das architektonisch wertvollste.

Zum erstenmal wird der hochaufragende Königstein in der Oberlausitzer Grenzurkunde (in lapide regis) vom 7. Mai 1241 genannt, unterzeichnet vom Böhmenkönig Wenzel I. und dem Bischof Konrad von Meißen; dabei wurde die Grenze zwischen dem Königreich Böhmen und dem Bistum Meißen festgelegt. Der Königstein war damals in böhmischem Besitz. Durch den Vertrag zu Eger wurde 1459 der Königstein endgültig der Mark Meißen einverleibt. Die Festung diente auch zur Aufbewahrung der Kunstschätze des sächsischen Herrscher-

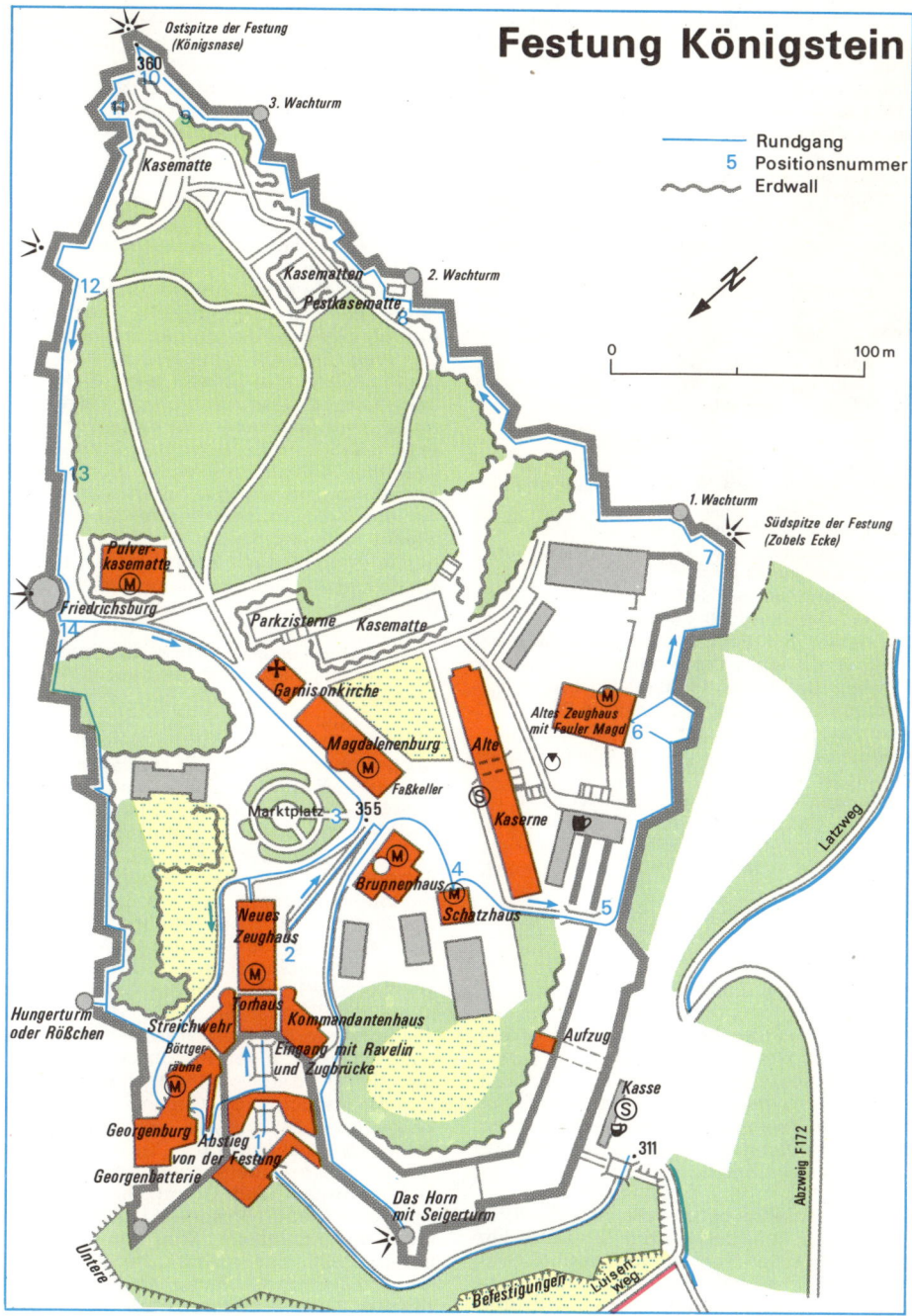

Festung Königstein

Legend:
Rundgang
5 Positionsnummer
Erdwall

N

0   100 m

Ostspitze der Festung
(Königsnase)
360
10
11
9
3. Wachturm
Kasematte
Kasematten
Pestkasematte
2. Wachturm
8
12
13
1. Wachturm
Südspitze der Festung
(Zobels Ecke)
7
Pulver-
kasematte
M
Friedrichsburg
14
Parkzisterne   Kasematte
Garnisonkirche
Magdalenenburg
M
Faßkeller
Altes Zeughaus
mit Fauler Magd
M
6
Alte
S
Kaserne
Marktplatz
3   355
Brunnenhaus
M
4
Schatzhaus
M
5
Neues
Zeughaus
2
M
Torhaus
Hungerturm
oder Rößchen
Streichwehr
Kommandantenhaus
Aufzug
Böttger
räume
Eingang mit Ravelin
und Zugbrücke
M
Kasse
S
Georgenburg
Abstieg
von der Festung
1
311
Georgenbatterie
Das Horn
mit Seigerturm
Untere
Befestigungen
Luisen
weg
Abzweig F172
Latzweg

29

hauses bei Gefahr und als Staatsgefängnis. Berühmte Gefangene waren u. a.: Dr. Nicolaus Krell (1591/1601), sächsischer Kanzler unter Christian I., versuchte die kurfürstliche Macht gegen den Einfluß der Adligen zu verstärken und zog sich deshalb die Feindschaft des Adels und nachfolgenden Kurfürsten zu; Johann Friedrich Böttger (1706/07), Erfinder des europäischen Porzellans, die Mitglieder der provisorischen sächsischen Regierung von 1849, die Arbeiterführer August Bebel (1874) und Fritz Heckert (1919/20) und während des zweiten Weltkrieges hohe französische Offiziere. 1945 wurde ein Jugendwerkhof eingerichtet. Seit 1955 ist die Festung für den Tourismus zugänglich und wurde bisher von etwa 10 Millionen Touristen besucht.

Übernachtungen: Elbhotel, Bielatalstr. 7; JH Julius Fučik, Halbestadt Nr. 13; Campingplatz R/27, Schandauer Str.

Kulturstätten: Museum Festung Königstein; Filmtheater, Goethestr. 18; Königsteiner Musikerarchiv, Bielatalstr. 73 a.

Gaststätten: Sachsenhof, Bielatalstr. 23; Zum Bielatal, Bielatalstr. 90; Blauer Stern, Pirnaer Str. 15; Amtshof, Pirnaer Str. 30; Elbstübl, Bahnhofstr. 3; Schrägers Gst, Kirchgasse 2; Café am Bahnhof, Bahnhofstr. 17; Café Elbblick, Halbestadt 16; Terrassengst, H.-Lindemann-Pl.

Taxi: Taxi-Ruf, Bahnhofstr., Tel. 4 28.

Medizinische Einrichtung: Poliklinik, Pirnaer Str. 31, Tel. 81 50.

Ausflugsgaststätten: Palmschänke (1 km v. Königstein); Lilienstein (410 m hoch, 3 km v. Königstein); Konsum-Gst Thürmsdorf (3 km v. Königstein); Pfaffenstein (428 m hoch, 3 km v. Königstein).

---

8. Wanderung: Zum Lilienstein

Königstein – Ebenheit – Lilienstein – Sellnitz – Königstein (5 km, 2 Std.); sehr steile Auf- und Abstiege. Der Aufstieg zum Lilienstein bildet einen Teil des „Internationalen Bergwanderweges der Freundschaft Eisenach – Budapest". Markierung: EB und blaues Andreaskreuz.

Mit der Elbfähre setzen wir zum Stadtteil *Halbestadt* über und steigen am Café „Elbblick" auf steilen Serpentinen, uns links haltend, zum Stadtteil *Ebenheit* hinauf. Diese bäuerliche Ansiedlung mit dem landschafts-

typischen Ortsnamen ist schon seit 1489 bekannt. Von der mit fruchtbarem Lößlehm bedeckten Ebenheit bietet sich uns der Lilienstein in seiner Breitseite dar. Die sich bereits in einzelne Felsbastionen auflösende kompakte Gipfelplatte fällt mit 60 bis 80 m hohen senkrechten Wandfluchten zum Sockel ab, der mit etwa 30° Neigung den gesamten Berg umgibt und ihm damit seine typische Gestalt als Tafelberg verleiht. Der Sockel setzt sich größtenteils aus Verwitterungsschutt zusammen und ist mit einem Kieferntrockenwald schütter bedeckt, der nur notdürftig die Erosionsgefahr an den Steilhängen bannen kann.

Der Weg führt von Ebenheit auf einem Rain gerade über die Felder zum Waldrand, dann ziemlich steil zum Fuß der Felswände hinauf. Auf Eisenleitern wird das Gipfelplateau in 415 m Höhe erreicht. Wir haben damit vom Elbufer aus einen Höhenunterschied von etwa 300 m überwunden. Auf diesem Weg bestieg bereits August der Starke 1708 den Lilienstein. An dieses Ereignis erinnert noch heute der Rest eines Obelisken auf dem Ost-Sporn in der Nähe des Fernsehkanalumsetzers. Der große Obelisk, auf der Mitte der Südabstürze, wurde 1888 anläßlich der 800-Jahr-Feier des sächsischen Herrscherhauses Wettin errichtet.

Dank seiner zentralen Lage bietet der Lilienstein die umfassendste *Rundsicht* der Sächsischen Schweiz, die man aber nur auf einem Rundgang erfassen kann. Im N erblicken wir die Brand- und Ochelwände, die Napoleonschanze bei Hohnstein, Stolpen und das Lausitzer Bergland; im O die Schrammsteine, das Winterberggebiet und dahinter Tanečnice, Jedlová, Lausche, Růžák und andere Berge in der ČSSR; im S die Tafelberge der Sächsischen Schweiz bis zu den Zschirnsteinen und dem Děčínský Sněžník; im W schließen das Osterzgebirge, der Cottaer Spitzberg, der Wilisch, der Borsberg mit dem Dresdner Elbtal und die Basteiwände den Rundblick ab.

Der Name des Liliensteins wird von dem heiligen Aegidius (St. Gilgen = St. Jilgen) abgeleitet. Die erste urkundliche Erwähnung erscheint 1379 (Ylgenstein), die Schreibweise änderte sich im Laufe der Zeit mehrmals. Auf Grund seiner beherrschenden geographischen Lage und der Nähe des Königsteins trug der Lilienstein bereits 1396 eine militärische Besatzung. Mauerreste von Gebäuden sind noch zu erkennen und Bodenfunde aus dem

14./15. Jh. (Pfeilspitzen, Messer, Bolzen, Eisennägel) wurden geborgen. 1756 und 1813 erlangte die Gegend um den Lilienstein militärische Bedeutung. Daran erinnern noch die „Kaiserstraße" sowie Reste von Schanzen und der Franzosenborn im Wald um den Lilienstein. Seit Mitte des 19. Jh. wird auf dem Lilienstein eine „fliegende Gastwirtschaft" erwähnt, die heutige Bergwirtschaft öffnet ebenfalls nur in den Sommermonaten.

Auf dem erst 1900 angelegten Nordabstieg gelangen wir, uns unten rechts haltend, zur *Sellnitz*, heute ein Forstortname. Die Ansiedlung vom Ende des 15. Jh. lag schon Anfang des 16. Jh. wüst. Der in der Nähe liegende Franzosenborn war viele Jahre verschüttet und wurde 1983 rekonstruiert. Immer rechts haltend, führt der Weg auf einer schmalen Terrasse über die ehem. Steinbrüchen entlang. Nach etwa 15 Min. wird der Waldrand erreicht, und wir steigen auf einem steilen Hangweg zum Königsteiner Elbufer ab.

9. Wanderung: Zum Pfaffenstein

Königstein – Quirl (Diebskeller) – Obere Quirlpromenade – Pfaffenstein – Pfaffendorf – Königstein (8 km, 3 Std.); anstrengender Weg, große Höhenunterschiede. Markierung: roter Punkt bis zum Pfaffenstein.

Die Wanderung beginnen wir an der Postmeilensäule am Platz der Jugend, gehen ein Stück die Bielatalstraße entlang und steigen dann die linkerhand steil zur Höhe führende Cunnersdorfer Straße hinauf. An der *Charlottenburg* (Ferienheim und Gaststätte) biegen wir in den Kirchleitenweg ein, der als bequemer Waldfahrweg die Bielahänge unterhalb des Quirls quert. Nach etwa 10 Min. führt ein Weg im spitzen Winkel steil links zur Höhe. Am Waldrand halten wir uns wieder nach rechts und stehen bald darauf am *Diebskeller*, der größten Höhle der Sächsischen Schweiz (29 m lang, 8 m breit, 4 m hoch). Auf der *Oberen Quirlpromenade* wandern wir am Fuß der Felswände entlang, die an verschiedenen Stellen größere und kleinere Höhlen bergen. Am berühmtesten sind die beiden Sterlhöhlen, benannt nach einem Räuberhauptmann. Das geschlossene Gipfelplateau des *Quirl* (349 m) bedeckt eine ziemlich starke eiszeitliche Lehmdecke. So-

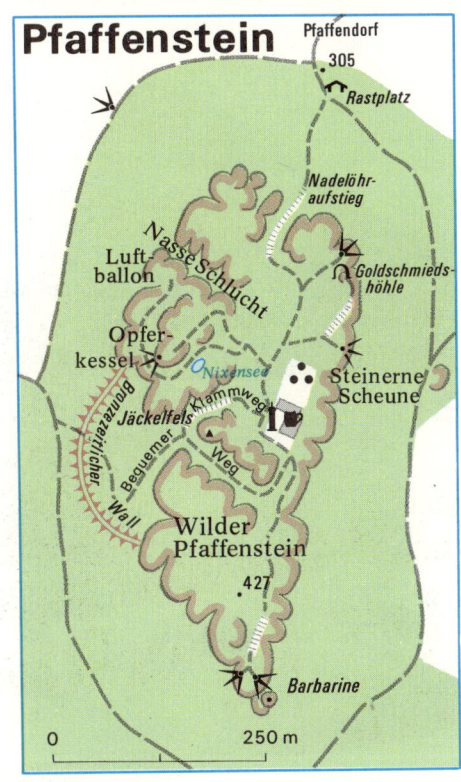

lange die Festung Königstein militärische Bedeutung besaß, war das Quirlplateau gesperrt. Der alte Plattenweg an der Südseite stammt noch aus dieser Zeit.

An der Südostecke der Felswände senkt sich der Weg, und wir gelangen wieder zum Kirchleitenweg, den wir nach links verfolgen, bis Wegzeichen zum Pfaffenstein weisen.

Der *Pfaffenstein* (428 m) ist unter den Tafelbergen der Sächsischen Schweiz der interessanteste mit einer Vielfalt an touristischen und historischen Sehenswürdigkeiten. An unserem Zugangsweg an der Westseite bemerkt man im Hangwald einen etwa 200 m langen urgeschichtlichen Wall (geschütztes Bodendenkmal). Durch Bodenfunde auf dem Gipfel des Pfaffensteins, der teilweise mit eiszeitlichem Lehm bedeckt ist, konnte belegt werden, daß bereits eine menschliche Ansiedlung in der Bronzezeit (Lausitzer Kultur) bestanden

Pfaffendorf mit Pfaffenstein

hat. Touristisch wurde der zerklüftete Felsen erst ab Mitte des 19. Jh. erschlossen. Dort, wo sich unser Aufstiegweg gabelt, befindet sich an glatter Felswand ein Medaillon *Karl Gottlob Jäckels,* des touristischen Erschließers des Pfaffensteins.

Von hier kann man rechts auf dem bequemen Weg oder links auf dem romantischen Klammweg die Bergwirtschaft (seit 1880) erreichen. Eine Wegtafel vor dem Gasthaus weist auf die verschiedenen touristischen Sehenswürdigkeiten hin. Der steinerne Aussichtsturm ist von 1904.

Zum Aussichtspunkt an der Südspitze gelangt man durch eine enge Felsenkluft auf den „Wilden Pfaffenstein". Hier erhebt sich die markante Felsnadel der 43 m hohen *Barbarine.* Sie wurde 1905 erstmals bestiegen und galt bis 1975 als einer der begehrtesten Kletterziele. Von diesem Zeitpunkt an wurde die Barbarine für den Klettersport gesperrt und als geologisches Naturdenkmal erklärt. Verschiedene Blitzeinschläge hatten trotz mehrfacher Sanierungsarbeiten den oberen Gipfelkopf so stark zerstört, daß die Sicherheit der Bergsteiger nicht mehr gewährleistet war. Die letzten Sanierungsarbeiten erfolgten 1980. Am Pfaffenstein befinden sich heute 32 anerkannte Klettergipfel, besonders an der Nord- und Westseite.

Weitere interessante Punkte, die durch Steiganlagen zugänglich sind, befinden sich in der Nähe der Gastwirtschaft. Auf einer hohen Terrasse an den Ostwänden liegt die Goldschmiedhöhle, in der 1854 ein

Papiergeldfälscher seine Werkstatt aufgeschlagen hatte. Bei einem weiteren markierten Rundgang kommt man am „Nixensee" vorüber. Beachtenswert sind die verschiedenen Verwitterungsformen des Sandsteins auf dem Gipfelplateau, denen der Volksmund treffende Bezeichnungen gegeben hat, wie Hafersäcke, Pfaffenmützen, Opferschalen und ähnliche.

Wir verlassen den Pfaffenstein durch das mit Eisenleitern und Geländer gut gesicherte *Nadelöhr* und steigen nach *Pfaffendorf* ab. Dieses anmutige Reihendorf, das von vielen schmucken Wohn- und Ferienhäusern geprägt wird, zieht sich steil hinab nach Königstein. Durch die Häuserzeile an der Potetzschke (slaw. „Wasserrinne") erreichen wir bald darauf unseren Ausgangspunkt.

10. Wanderung: In das Klettergebiet Bielatal

Schweizermühle – Bielagrund – Wormflügel – Grenzplatte – Eisloch – Felsengasse – Schweizermühle (10 km, 3,5 Std.); teilweise steile Auf- und Abstiege.

Wir fahren von Königstein mit dem Bus und beginnen unsere Wanderung an der Endhaltestelle im Ortsteil *Schweizermühle* der Gemeinde Rosenthal.

Der ausgedehnte Gebäudekomplex zu beiden Seiten der Straße dient heute als Pflegeheim für ältere Bürger. Die in der Umgebung entspringenden heilkräftigen Quellen wurden schon 1837 durch den Müller der ehemaligen Oberhütte in einer Kaltwasserheilanstalt genutzt. Später entstand hier eine regelrechte Kursiedlung. Hinter den ehemaligen Kuranlagen liegt links der Straße der Betriebsteil Schweizermühle des VEG Saatzucht-Baumschulen Dresden, in dem wertvolle Koniferen aufgezogen werden. Auf diesem Gelände befand sich früher das Hammerwerk der Oberhütte, welches bereits 1735 wüst lag.

Kurz hinter der Straßengabelung steigen wir rechts steil durch Felsen zum Aussichtspunkt *Johanniswacht* auf. Hier hat man einen guten Überblick über die eigentümlich geformten und verwitterten Felstürme des oberen Bielatales. Manche Bezeichnungen der Klettergipfel sind der Romantik entlehnt, beispielsweise Herkulessäulen, Artariastein, Prometheus. Die Felsen bestehen hier aus dem Labiatussand-

Bergsteiger

stein, der sich durch eine größere Festigkeit und auffallende horizontale Bänderung auszeichnet. Die Eignung der Felsen für den Klettersport wurde schon frühzeitig entdeckt. Die ersten Gipfelbesteigungen erfolgten 1880 (Dachsenstein) und 1891 (Artariastein). Heute sind im Klettergebiet Bielatal 239 Gipfel aller Schwierigkeitsgrade bestiegen.

Auf einem Waldweg (grüne Markierung) gelangen wir nach etwa 10 Min. zu einer Talweitung, auf der die Häuser des Ortsteils *Bielagrund* liegen. In dieser Siedlung sind seit 1473 die Wormsmühle und seit Anfang des 16. Jh. die Otto- oder Zaunknechtsmühle urkundlich nachgewiesen. Später wurden diese Mühlen vielfach zu Gaststätten und Ferienheimen umgestaltet.

Wir folgen der Markierung auf dem *Glasergrundweg* bis zum Waldrand und biegen dann links auf einen Waldweg ab. Die Markierung weist kurz danach auf unscheinbarem Pfad durch dichten Jungwald zur *Bennohöhle*. Der Pfad führt bald darauf zum breiten Wormflügel (Wormsbergweg), der die wasserarme Hochfläche des Schaftwaldes schneidet. Nach etwa 30 Min. erreichen wir später linkshaltend (gelbe Markierung) durch jungen Birken- und Lärchenwald den Aussichtspunkt *Grenzplatte*. Tief unten liegt der Felsenkessel von Ostrov (ČSSR). Darüber erhebt sich der breite Rücken des Děčínský Sněžník (726 m), die höchste Erhebung des Elbsandsteingebirges. Unmittelbar unterhalb der Aussichtsplattform ragen beide Grenztürme empor.

Der gelben Markierung folgend, steigen wir auf steilem Pfad in einer großen Kehre über eine ausgedehnte Schonung in das Hammerbachtal ab. Nach etwa 600 m mündet von rechts die Dürre Biela in das Bielatal ein. Zahlreiche Kletterfelsen, vor allem an der rechten Hangseite, geben diesem Seitental einen unverwechselbaren Charakter. Die meiste Zeit des Jahres ist es ein Trockental, aber nach Starkregen kann der sonst harmlose Wasserlauf zum reißenden Fluß anschwellen. Von hier bis zum Ortsteil Bielagrund sind es auf dem Talweg etwa 20 Min. bequeme Wanderung. Empfehlenswert ist jedoch ein kleiner Abstecher rechts auf dem Lattenweg, der nach etwa 400 m abzweigt, zur hoch aufragenden *Verlassenen Wand*, die mit 33 Aufstiegen und Varianten aller Schwierigkeitsgrade einer der bedeutendsten Klettergipfel im Bielatal ist. Den schmalen Hangweg weitergehend, erreicht man in wenigen Minuten am Fuße des mächtigen Spannagelturms das *Eisloch*, eine Klufthöhle, in der sich auf Grund der spezifischen Exposition Schnee- und Eisreste bis oft in den Sommer hinein halten. In unmittelbarer Nähe wird eine enge Felsenkluft *Schwedenloch* oder Franzosenkluft genannt, die an die Kriegsnöte von 1639 und 1813 erinnert. Durch alten Fichtenhochwald sind wir in wenigen Minuten wieder auf dem Talweg.

Am Parkplatz unterhalb der Häuser von Bielagrund führt ein Pfad zu der eindrucksvollen Felsgruppe Schiefer Turm — Chinesischer Turm — Hallenstein. Der Pfad windet sich durch eine wildromantische Felsenstadt, in die seltsam geformte Klettergipfel, wie der Schraubenkopf und die Herkulessäulen, begehrte Ziele der Bergsteiger

darstellen. Hinter der Felsengasse kann man zum *Bielablick* aufsteigen, wo eine künstliche Bastion aus der Zeit der Romantik einen guten Überblick über die typische Landschaftsform des oberen Bielatales bietet. Von hier sind es nur wenige Minuten zum Ausgangspunkt unserer Wanderung.

Gaststätten: Bielatal: Reichstein (Ferienh. m. Gst), Talstr. 14; Hermsdorf (Ferienh. m. Gst), Pirnaer Str. 7; Raum (Ferienh. m. Gst), Markersbacher Str. 1; Mühle Brausenstein (Ferienh. m. Gst), Talstr. 34; Forsthaus Langenhennersdorf (3 km v. Bielatal). **Rosenthal:** Kulturhaus Erbgericht (Ferienh. m. Gst), Nr. 1; Haus Viktoria (Ferienh. m. Gst), Nr. 67; Zum Felsenkeller, Schweizermühle Nr. 136.

Bad: Rosenthal.

Bergunfallhilfsstelle: Ottomühle, Tel. Rosenthal 2 52.

Gebiet der Steine

Unter dem Gebiet der Steine ist das Wandergebiet südlich der Elbe zwischen Bielatal und der Staatsgrenze zu verstehen. Charakteristisch sind die weitflächigen Ebenheiten (durchschnittliche Höhe 280 m) mit den aufsitzenden Tafelbergen, den „Steinen". Mit einer durchschnittlichen Höhe von 400 m und infolge ihrer freien Lage bieten sie alle eine annähernd gleiche, umfassende Aussicht: nach NO auf Schrammsteine und Großen Winterberg, dahinter auf die Ausläufer des Lausitzer Berglandes; nach SO auf den nahen Děčínský Sněžník und dahinter auf die Basalt- und Phonolithkegel der Lužické hory und des České středohoří; nach SW auf das Osterzgebirge und nach NW in die Dresdner Elbtalweitung. Die Orte *Reinhardtsdorf-Schöna* mit OT Kleingießübel, *Papstdorf* mit OT Kleinhennersdorf, *Cunnersdorf* und *Kurort Gohrisch*, alles staatlich anerkannte Erholungsorte, sind als bäuerliche Siedlungen im Spätmittelalter gegründet worden. Ihre landwirtschaftliche Nutzfläche von insgesamt 1965 ha ist in der LPG „Oberes Elbtal" zusammengefaßt. Mehr als zwei Drittel des Wandergebietes sind mit Wald bedeckt.

11. Wanderung: Zum Papststein und Gohrisch

Bf. Bad Schandau – Kleinhennersdorf – Papstdorf – Papststein – Gohrisch – Kurort Gohrisch – Königstein (10 km, 3 Std.); Höhenunterschied zwischen Elbtal und Papststein 330 m; meist bequeme Waldwege.

Vom Bahnhof Bad Schandau gehen wir die Uferstraße flußaufwärts, überqueren die Eisenbahn auf der Hochstraße (1974 erb.), steigen mit der Markierung grünes Viereck den Täppigsteig am Elbtalhang aufwärts nach *Kleinhennersdorf* und folgen der Markierung bis zum Ortseingang *Papstdorf.* Dort beginnt an der Gst „Zur Hoffnung" mit der Markierung roter Punkt der Aufstieg auf den *Papststein* (451 m), Gst, Feuerwachtturm. Der Weg über das Gipfelplateau führt an der Abbruchstelle eines der größten natürlichen Felsstürze der letzten hundert Jahre in der Sächsischen Schweiz vorüber. 1972 rissen 3000 m³ abbrechendes Gestein eine 30 m breite Schneise in den Wald. Der Abstieg erfolgt mit der Markierung roter Punkt in westlicher Richtung auf die Straßengabel Papstdorf – KO Gohrisch – Cunnersdorf (Parkplatz, Schutzhütte). An der Straße nach Cunnersdorf, 150 m südlich des Parkplatzes, beginnt der Aufstieg auf den *Gohrisch* (448 m), einen stark zerklüfteten Felsen mit mehreren Aussichtskanzeln, auffälligen Sanduhrbildungen und wabenartiger Wandverwitterung. Eine geräumige, tiefe Klufthöhle an der Nordseite ist als *Schwedenhöhle* bekannt. Die Wanderung kann beschlossen werden, indem man nach S oder W auf den Muselweg absteigt und mit der Markierung gelber Strich über *Kurort Gohrisch* (klimatischer Luftkurort seit 1951) in etwa 1 Std. Königstein erreicht. Oder man folgt auf dem Muselweg der Markierung nach Cunnersdorf (SO).

12. Wanderung: Ins Cunnersdorfer Waldgebiet

Cunnersdorf – Spitzer Stein – Katzstein – Toter Ochse – Rotstein – Cunnersdorf (10 km, 3 Std.); bequeme Waldwege, zwei kurze Felsaufstiege.

Cunnersdorf erreicht man mit dem Bus von Königstein oder auf markierten Wanderwegen von dem Kurort Gohrisch oder

Orientierungstafel in Cunnersdorf

Papstdorf. Das ehemalige Waldhufendorf war stets eng mit der Forstwirtschaft verbunden. Bis ins 19. Jh. betrieb man Flößerei und Köhlerei, davon zeugen drei ehemalige Mühlen, der geräumige Lagerplatz des Sägewerkes Schinke-Mühle und ein größerer Holzbearbeitungsbetrieb. Im Ortsbild fällt der mehrgeschossige Friesenhof mit einem Uhrendachreiter auf, von 1604 bis 1872 als Forsthof Sitz der kurfürstlichen Forstbehörde und Wildmeisterei des Amtes Pirna (unter Denkmalschutz).

Die Wanderung beginnt und endet am Gasthaus *„Zum Erbgericht"* und berücksichtigt einen Teil des Cunnersdorfer Naturlehrpfades, von dessen 40 Texttafeln wir 14 aufsuchen (nähere Informationen in der Heimatstube unweit vom Erbgericht). Wir benutzen die *Winterleitenstraße,* eine alte Trasse nach Rosenthal, als Straße ausgebaut 1816 und 1885. Nach 1,5 km quert an einer Schutzhütte der Sandweg die Straße, dem wir mit der Markierung grüner Punkt nach rechts bis zum Mäusebornweg am Fuße des Katzsteins folgen, dort aber zunächst nordwärts weiter mit der Markierung gelber Strich einen Abstecher auf den *Spitzen Stein* (410 m) machen. Der kurze Aufstieg lohnt sich, die vorgeschobene Lage und der baumfreie Gipfel bieten einen besseren Rundblick über das Gebiet der Steine als Katz-, Müller- und Rotstein im Rücken. Man erkennt die Cunnersdorfer Feldflur als voreiszeitlichen Hochtalboden, von einem Seitenarm der Elbe muldenartig ausgeformt. Der Abstieg erfolgt bis auf die Markierung grüner Punkt zurück, der wir nunmehr auf dem Mäusebornweg auf das zerklüftete *Katzsteinplateau* (444 m) folgen, dem an der Ostseite der Katzfels (474 m) aufsitzt (mit Eisenleiter zugänglich gemacht). Ein schmaler Steig führt uns von hier auf einen dem Dorfe zugewandten *Aussichtspunkt,* das sog. Signal. Auf dem Mäusebornweg erreichen wir in 10 Min. den Wegstern „Am Toten Ochsen", von dem aus man einen Abstecher auf den *Rotstein* (458 m) machen oder auf der Winterleitenstraße nach Cunnersdorf zurückkehren kann (50 Min.).

13. Wanderung: Zur Kaiserkrone und zum Zirkelstein

Schmilka – Kaiserkrone – Zirkelstein – Waldbad Schöna – Hirschgrund (9 km, 2 Std.); Höhenunterschied Elbtal – Zirkelstein 260 m; meist bequeme Wege.

300 m elbaufwärts von der Bahnstation Schmilka-Hirschmühle führt der Aschersteig am Elbtalhang hoch nach *Schöna* auf die Bahnhofstraße. Nach 100 m im Ort zeigt ein Wegweiser den Aufstieg auf die *Kaiserkrone* (355 m), einen stark abgetragenen und zerklüfteten Tafelberg, von fern einer dreizackigen Krone ähnlich. Die lohnendste Aussicht hat man von der nördlichen Felskuppe. Nach dem Abstieg folgen wir in Schöna der Markierung gelbes Dreieck auf den *Zirkelstein* (385 m). Dieser kleinste und formschönste Tafelberg überragt mit 42 m die bewaldete Fußhalde. Der Aufstiegsweg wurde erstmals 1842 ausgebaut. Vom Gipfel bietet sich eine gute Einsicht in das Tal der Kamenice mit Hřensko. Am Fuße des Zirkelsteins bauten 1914 Arbeitertouristen das „Naturfreundehaus Zirkelstein", die heutige *Jugendherberge „Hans Dankner".* Wir folgen weiter der Markierung gelbes Dreieck in südlicher Richtung am Waldrand entlang bis zur *Schiebquelle,* einer Quellmulde mit drei wasserreichen Austritten, die über einen neuen Hochbehälter Schöna mit Trinkwasser versorgen. An die Erbauer einer Wasserleitung aus dem Jahr 1638 erinnert ein Gedenkstein. Hier wird die Markierung gelbes Dreieck verlassen und in NW-Richtung nach 600 m die Bungalowsiedlung des VKSK am Marktweg und in gleicher Richtung auf der Waldstraße nach 1 km das *Waldbad Schöna* erreicht. Durch den Zigeunergrund kommen wir wieder in den Ort und kehren durch den Hirschgrund in das Elbtal zum Haltepunkt Schmilka-Hirschmühle zurück.

14. Wanderung: Zum Großen Zschirnstein

Krippen – Reinhardtsdorf – Wolfsberg – Großer Zschirnstein – Kleingießhübel (12 km, 3 Std.); Höhenunterschied Elbtal – Gr. Zschirnstein 440 m, allmähliche Anstiege.

Krippen, im 15. Jh. als Gewerbe- und Elbhandelsplatz mit städtischem Charakter entstanden, ist heute ein beliebter, staatlich anerkannter Erholungsort (1000 Einwohner, 7000 Feriengäste jährl.). Hier lebte von 1852 bis 1895 Friedrich Gottlob Keller, der Erfinder des Holzschliffpapiers. Das *Kellermuseum* zeigt interessante Exponate aus den Anfängen der Papierindustrie. – Hinter der Schule in Krippen beginnt am Haus Bächelweg 18 der Püschelweg (Markierung: grüner Punkt), der als bequemer Waldweg über den östlichen Krippentalhang diagonal aufwärts nach Reinhardtsdorf führt. Dabei bietet sich ein imposanter Einblick in den *Sandsteinbruch Reinhardtsdorf,* in dem der sog. Cotta. Gute blasse Bank von 4 m Mächtigkeit auf der Bruchsohle einen bildhauerisch und maschinell gut bearbeitbaren Werkstein liefert. Nach dem Austritt aus dem Wald wird der Blick vom barocken Zwiebelturm der *Reinhardtsdorfer Kirche* angezogen (Kulturdenkmal, Kunst aus vorreformatorischer Zeit). Vom Gasthof *„Drei Fichten"* bringt uns ein aussichtsreicher Feldweg in 10 Min. auf den *Wolfsberg* (343 m), Gst. Dort stoßen wir auf die Markierung roter Punkt, mit der wir auf dem *Salzleckenweg* in südlicher Richtung durch den Zschirnsteinwald (Schlosserhübelweg und Wiesenweg überquerend) direkt auf den *Großen Zschirnstein* gelangen. Der Aufstiegsweg führt vom relativ niedrigen Nordfuß, gleichmäßig ansteigend, 1 km lang über das weiträumige Gipfelplateau, vorüber an einem steinbruchartig aufgeschlossenen Basaltdurchbruch, bis zum Südende, dem *Mittagstein* (562 m), höchstem Punkt

Sandsteinbruch in Reinhardtsdorf

(Ferienh. m. Gst), Hauptstr. 108. **Kleingießhübel:** Zschirnsteinbaude (Ferienh. m. Gst), Nr. 10; Rölligmühle (Ferienh. m. Gst), Nr. 36. **Kleinhennersdorf:** Konsum-Gst u. Fuhrmannsbaude (Ferienh. m. Gst). **Krippen:** Erbgericht (Ferienh. m. Gst), Bächelweg 4; Zur Eiche (Ferienh. m. Gst), Bächelweg 10; Zur Ziegelscheune, Elbweg 22; Zur Linde, F.-G.-Keller-Str. 61; **Papstdorf:** Erblehngericht (Ferienh. m. Gst), Hauptstr. 42; Zur Hoffnung (Ferienh. m. Gst), Hauptstr. 61; Immenheim (Ferienh. m. Gst), Hauptstr. 52. **Pfaffendorf:** Gh, Nr. 1 b. **Reinhardtsdorf:** Drei Fichten, Nr. 13 b; Goldener Anker, Nr. 55 b; Zur Hoffnung (Ferienh. m. Gst), Nr. 69 c; **Schöna:** Kuckuckswinkel (Ferienh. m. Gst), Nr. 85; Sächsische Schweiz, Nr. 4; Zum Zirkelstein, Nr. 37; Waldwinkel, Nr. 78; Lindencafé, Nr. 11.
Taxi: Gohrisch: H. Werner, Pfaffendorfer Str. 98, Tel. Königstein 4 38. **Krippen:** VEB Kraftverkehr, Tel. 4 65. **Papstdorf,** Nr. 53, Tel. Königstein 9 34; **Reinhardtsdorf,** K. Focke, Hauptstr. 69 d, Tel. Krippen 3 16.
Ausflugsgaststätten: Pfaffenstein (428 m hoch, 2 km v. Pfaffendorf); Papstein (451 m, 2 km v. Gohrisch); Wolfsberg-Hotel (1 km v. Reinhardtsdorf); Liethenmühle (1 km v. Krippen); Forstmühle (2 km v. Kleingießhübel).

der Sächsischen Schweiz, Schutzhütte. Die Felswand fällt am Mittagstein etwa 80 m steil ab. Hier bietet sich die umfassendste Fernsicht der Sächsischen Schweiz, die bei klarer Luft von den Jizerské hory bis zur Albrechtsburg von Meißen reicht. Der Abstieg erfolgt über das Plateau zurück mit der Markierung roter Punkt bis auf den Schifferweg, dort 300 m südwärts rechts ab durch den Hirschgrund nach *Kleingießhübel* bis zur *Rölligmühle* im Krippental, Gst, seit 1584 im Besitz der Familie Röllig. Von hier ist die Rückkehr nach Krippen mit dem Bus möglich, sonst Fußweg auf der verkehrsarmen Krippentalstraße (3 km, 45 Min.)

Übernachtungen: **Reinhardtsdorf,** Wolfsberg-Hotel, Nr. 102; **Schöna:** JH Hans Dankner, Nr. 109 b, **Schmilka:** Campingplatz R/14.
Kultur- und Sportstätten: Cunnersdorf: Heimatstube, Bad. **Gohrisch;** Freibad. **Krippen:** Heimatmuseum „F.-G.-Keller", F.-G.-Keller-Str. 54. **Schöna:** Waldbad.
Gaststätten: Cunnersdorf: Erbgericht, Nr. 30 b; Deutsches Haus (Ferienh. m. Gst); **Gohrisch:** Sennerhütte, Königsteiner Str. 11; Annas Hof

Bad Schandau

Schandau entwickelte sich von einem spätmittelalterlichen Elbhandelsplatz (1430 erster urkundlicher Nachweis) zu einem „Kraft- und Prachtplatz der Natur" (Theodor Körner 1810), als im Zeitalter der Romantik die Sächsische Schweiz entdeckt wurde. Von da an bestimmte der Fremdenverkehr das Leben der Stadt, die seit 1920 Bad Schandau heißt. Als staatlich anerkannter Erholungsort beherbergt Bad Schandau jährlich 35 000 Feriengäste.
Obwohl Erholungs- und Kurwesen, Gastronomie und Handel die vorherrschenden Erwerbszweige sind, arbeiten ebenso viele Einwohner in den Industriebetrieben der Stadt (VEB Schiffswerft Oberelbe, VEB Raumkunst, VEB Fahrzeugsitze) und im Verkehrswesen (Eisenbahn, Nahverkehr, Zoll).
Durch Bad Schandau führt die Fernverkehrsstraße 172 zum Grenzübergang Schmilka-Hřensko (ČSSR). Die seit 1976 elektrifizierte Eisenbahnlinie im Elbtal ist eine der wichtigsten Transitstrecken als Nord-Südverbindung.

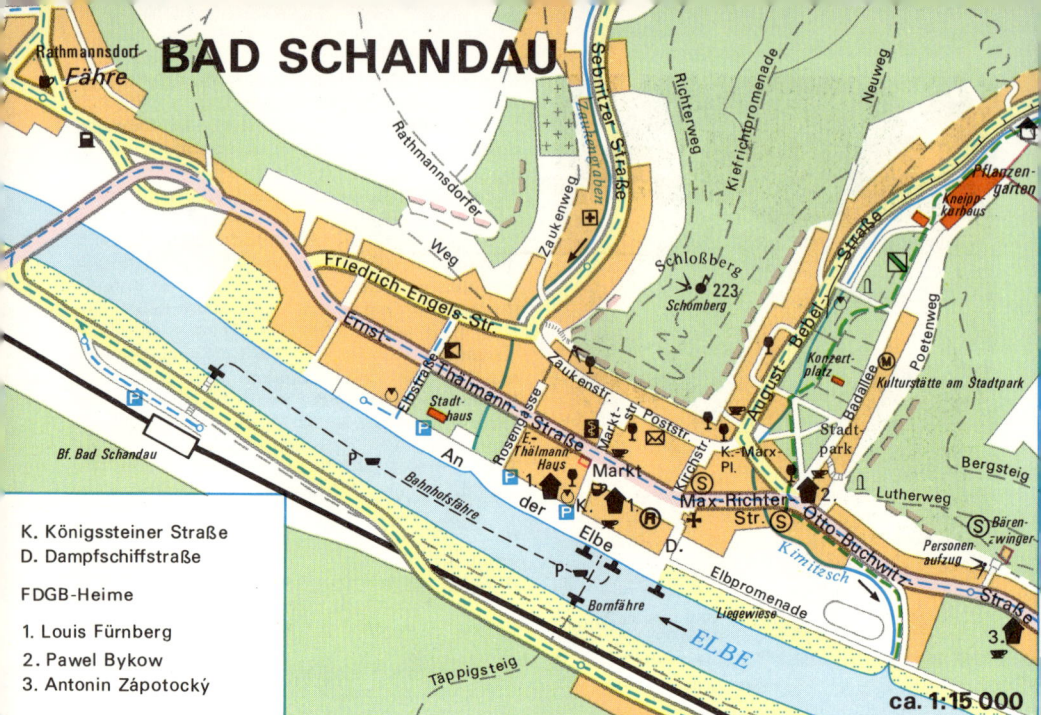

BAD SCHANDAU

K. Königssteiner Straße
D. Dampfschiffstraße

FDGB-Heime

1. Louis Fürnberg
2. Pawel Bykow
3. Antonin Zápotocký

ca. 1:15 000

Stadtrundgang
(4 km, 2 Std.; Höhenunterschied: 100 m)

Die elbseitige Ansicht Bad Schandaus mit
der repräsentativen Front von Hotels und
Ferienheimen, dahinter die vielgestaltigen
Dächer und Giebel der profanen Wohnhäu-
ser, alles eingebettet in bewaldete Hänge
und überragt von den Felstürmen der
Schrammsteine – ein Augenreiz von wenigen Augenblicken für Tausende aus den
vorübereilenden Fernzügen, ein sympa-
thischer erster Eindruck, wenn man die
Stadt vom Bahnhof mit der Fähre oder mit
einem Schiff der Weißen Flotte erreicht
oder mit dem Auto den Parkplatz auf dem
Elbkai ansteuert.
Nach wenigen Schritten sind wir auf dem
Markt. Das *Ernst-Thälmann-Haus* an seiner
Westseite steht unter Denkmalschutz. Es
entstand nach dem Stadtbrand von 1704
als Brau- und Gasthof „Gambrinus" und
wurde 1984 unter Wahrung seiner beispiel-
haften Renaissancearchitektur vollständig
erneuert. Am Hoftor ist ein originaler Tor-
schlußstein von 1680 eingelassen. Der

sechseckige Treppenturm an der Hofseite
verbindet die Stockwerke. Die Dachhaube
des Turmes mit Turmknopf krönt das wuchtige Mansardendach, wodurch die harmo-
nischen Proportionen des alten Brauhofes
so recht zur Geltung kommen.
Die *Kirche* an der Ostseite des Marktes
steht gleichfalls unter Denkmalschutz. Sie
wurde nach dem Stadtbrand von 1704 neu
gebaut, die barocke Turmhaube 1982 in alter Handwerkstechnologie erneuert. Die
Kirche besitzt zwei bedeutende Renais-
sancekunstwerke: Eine monolithische Kan-
zel aus Sandstein (aus einem Stein heraus-
gearbeitet) und einen sandsteinernen, mit
einheimischen Edelsteinen ausgeschmück-
ten Altar. Am Hauptportal innen befinden
sich Hochwassermarken seit 1784, wonach
das höchste Wasser von 1845 bis auf die
Kanzelbrüstung reichte.
Wir verlassen den Marktplatz an der seit
1660 bestehenden Adler-Apotheke, neben
der das *Haus Marktstraße Nr. 1* unsere
Blicke anzieht. Es gilt als Beispiel für origi-
nalgetreue Rekonstruktion ländlicher und
kleinstädtischer Baukörper des 18. Jh. aus

38

Bad Schandau

Sandsteinuntergeschoß und Fachwerk-obergeschoß mit Holzschalung. Auch hier werden wir an den großen Brand von 1704 durch eine Gedenktafel erinnert. Nach wenigen Schritten biegen wir rechts in die Poststraße ein. Nr. 12, das *Alte Rathaus,* fällt durch seine Freitreppe mit Kandelabern aus Eisenkunstguß auf. Es zeigt über dem Portal das Stadtwappen, das im 19. Jh. in Gebrauch war, und darüber das kursächsische Wappen in zwei Ausführungen.

Über den Karl-Marx-Platz gelangen wir in das *Kirnitzschtal* und 200 m bachaufwärts an den Bahnsteig der *Kirnitzschtalbahn.* Sie wird heute als umweltfreundliches Verkehrsmittel für den Ausflugs- und Urlauberverkehr geschätzt. 1898 in Betrieb genommen, 1927 nach einem Großbrand des Depots neu ausgestattet, repräsentiert sie die Technik der zwanziger Jahre. Sie eroberte sich schnell die Gunst der Touristen und befördert jährlich etwa 400 000 Personen. In 30 Min. wird die 8 km lange kurvenreiche Strecke bis zum Lichtenhainer Wasserfall zurückgelegt.

Neben dem Bahnsteig steht ein *Eiszeitmar-kierungsstein,* 1975 setzte die Gesellschaft für geologische Wissenschaften der DDR an der Südgrenze des skandinavischen Inlandeises im Quartär Granitquader, an denen eine Bronzetafel die Verlaufslinie auf dem Gebiet der DDR zeigt. Gegenüber dem Bahnsteig beginnt der Neuweg, der über den rechten Talhang zum Kiefricht, dem Bergsporn zwischen Kirnitzsch- und Zaukental, aufsteigt. In halber Höhe biegt links ein betonierter Promenadenweg ab, der leicht ansteigend auf den *Schloßberg* (223 m) führt. Hier stand einmal eine mittelalterliche Befestigung, von der Wallgrabenreste und die Zisterne, wenn auch erschwert, so doch noch erkennbar sind. Die Ausgrabungsfunde, das Modell der Anlage und Erläuterungen zur Geschichte, sind im Heimatmuseum ausgestellt. Vom *Aussichtsturm,* der 1882 als künstliche Ruine errichtet wurde, überblickt man das Bad Schandauer Elbtal.

Vom Schloßberg folgen wir der Kiefricht-promenade nordwärts durch die Kleingartenanlage des VKSK bis zur *Schillerhöhe*

(200 m, Schillerdenkmal, gesetzt am 10. 11. 1859, Aussichtspunkt). Dort stoßen wir auf das Teilstück des Internationalen Bergwanderweges der Freundschaft, der das Stadtgebiet von Bad Schandau berührt. Mit seiner Markierung blaues Andreaskreuz steigen wir durch den Grauen Graben in das Kirnitzschtal ab, das wir an der Ostrauer Brücke erreichen. Hier befindet sich am linken Kirnitzschtalhang der *Pflanzengarten*. Im Jahre 1900 auf 3500 m² angelegt, beherbergt er heute 1500 Arten in natürlichen Pflanzengesellschaften, in Sondergruppen von Charakterpflanzen und Farnen der Sächsischen Schweiz, geschützten Pflanzen, Reliktpflanzen der Eiszeit und Arzneipflanzen. Von besonderem Reiz ist ein Besuch zur Zeit der Rhododendronblüte, denn der Garten besitzt eine reiche Sammlung von Alpenrosen und Azaleen.

An der Kirnitzsch stadtwärts führt uns der Weg durch die Anlagen des *Kneippkurbades*. Seit 1936 werden hier Kneippkuren durchgeführt (Pfarrer Sebastian Kneipp 1821−1897), die auf einer naturgemäßen Heilbehandlung und gesunden Lebensweise beruhen, vornehmlich geeignet bei Herz-Kreislauf- und Stoffwechselerkrankungen. Mit jährlich etwa 3000 Patienten (Kapazität 192 Betten) tritt das Kurwesen gegenüber dem Massentourismus in der Stadt weniger in Erscheinung.

Die Parkanlagen des Kurbades gehen am VdN-Ehrenmal nahtlos in den Stadtpark über. Im Erdgeschoß der „Kulturstätte am Stadtpark" ist das *Heimatmuseum* untergebracht (Badallee 10). Es geht in seinen Anfängen auf die Ausstellung der mittelalterlichen Grabungsfunde vom Schloßberg im Jahre 1940 zurück. Es vermittelt in fünf Abteilungen Kenntnisse von der Natur des Elbsandsteingebirges und der gesellschaftlichen Entwicklung im oberen Elbtal.

Auf der Badallee erreichen wir unmittelbar am FDGB-Heim „Pawel Bykow" den Lutherweg (Fußweg nach Ostrau, Wegweiser und Markierungen), dem wir, vorüber am *Lutherdenkmal* (1817), bis zum Ende der Stufen folgen. Dort zweigt rechts ein Fußpfad zum Bärenzwinger an der Aussichtsplattform des Fahrstuhles ab; hier bietet sich ein reizvoller Blick auf das Bad Schandauer Elbtal vom Großen Winterberg bis zum Lilienstein.

Der *Fahrstuhl*, 1904 als Verbindung zwischen den damaligen Sendig-Hotels (heute FDGB-Heim „Antonin Zapotocky") und der Villensiedlung auf der *Ostrauer Scheibe*

gebaut, steht seit 1954 unter Denkmalschutz. In einer schlanken Eisenkonstruktion von 62 m Höhe gleitet die 10 Personen fassende Kabine mit einer Geschwindigkeit von 1 m/s auf 50 m Hubhöhe. Jährlich werden etwa 350 000 Fahrgäste befördert.

Der Fahrstuhl bringt uns in das Elbtal hinab. Durch ein schmales Gäßchen zwischen den FDGB-Heimen „Antonin Zapotocky" und dem VEB Schiffswerft Oberelbe erreichen wir die Elbpromenade, auf der wir zum Elbkai zurückkehren.

Übernachtungen: Hotel: Zur Krone, Markt 9; Mitteldorfer Mühle, Kirnitzschtal. Jugendtouristenhotel „Rudi Hempel", R.-Hempel-Str. 14. Campingplatz R/29, Ostrauer Mühle; Elbhotel.
Kulturstätten: Heimatmuseum (u. Pflanzengarten), Badallee 10; Filmtheater d. Friedens, E.-Thälmann-Str. 6.
Gaststätten: Schlachtschüssel, Königsteiner Str. 2; Sigl's Gst, A.-Bebel-Str. 17; Elbhotel; Zum Bären (Ferienh. m. Gst), Zaukenstr. 10; Friebels Gh (Ferienh. m. Gst), Elbufer 75; Rotes Haus (Ferienh. m. Gst), Markstr. 10; Schöne Höhe (Ferienh. m. Gst), R.-Hempel-Str. 17; Ostrauer Scheibe (Ferienh. m. Gst), Alter Schulweg 12; Café Stammler, Marktstr. 2; HO Stadtcafé, Café Häntzschel, Postelwitz.
Taxi: VEB Kraftverkehr, Markt, Tel. 25 14.
Medizinische Einrichtung: Medizinisches Zentrum, F.-Engels-Str. 5, Tel. 25 10.
Ausflugsgaststätten: Altendorf: Heiterer Blick, Sebnitzer Str. 20a (3 km von Bad Schandau). **Lichtenhain:** Erbgericht, Nr. 79; Deutsches Haus, Nr. 72 (7 km von Bad Schandau). **Mitteldorf:** Erbgericht, Nr. 6f (5 km von Bad Schandau). **Porschdorf:** Zum Erbgericht, Nr. 31 (3 km von Bad Schandau). **Prossen:** Konsum-Gst, Talstr. 17 (4 km von Bad Schandau). **Rathmannsdorf:** Zur Eisenbahn, Hohnsteiner Str. 5; Tiefer Grund (Ferienh. m. Gst), Hohnsteiner Str. 47; Zur Brücke (Ferienh. m. Gst), Karl-Liebknecht-Ring 6; Rathmannsdorfer Höhe (Ferienh. m. Gst), Ernst-Thälmann-Platz 1. **Waltersdorf:** Zum Erbgericht, Nr. 1b; Stiller Fritz (Ferienh. m. Gst), Nr. 22 (6 km von Bad Schandau).
Im Kirnitzschtal: Waldhäus'l (3 km von Bad Schandau); Mitteldorfer Mühle (4 km von Bad Schandau); Forsthaus (5 km von Bad Schandau); Lichtenhainer Wasserfall (8 km von Bad Schandau); Kuhstall (Stein 309 m hoch, 1 km v. Lichtenhainer Wasserfall); Felsenmühle (3 km v. Lichtenhainer Wasserfall); Zeughaus (6 km v. Lichtenhainer Wasserfall).

15. Wanderung: Auf dem Lehrpfad Flößersteig

Bad Schandau – Ostrauer Mühle – Beuthenfall (9 km) – Lichtenhainer Wasserfall – Felsenmühle – Neumannmühle (6 km); Markierung: grüner Diagonalstrich; kaum größere Steigungen, z. T. schmaler, unebener Weg.

Der *Flößersteig* war ursprünglich der 22 km lange Pfad entlang der Kirnitzsch von der Oberen Schleuse bei Hinterhermsdorf bis zur Mündung in die Elbe, auf dem die Flößer vom 16. bis 19. Jh. das schwimmende Floßholz begleiteten. Er wurde 1928 erstmals fast in der gesamten Länge als Wanderweg rekonstruiert, um die Erinnerung an das nicht mehr ausgeübte Flößerhandwerk wachzuhalten; er verfiel aber später. 1958 erneuerte die Station Junger Touristen mit Schülern der Oberschule Bad Schandau das Teilstück von der Elbe bis zum Beuthenfall und stattete es 1981 mit 92 Texttafeln aus, die über die Tier- und Pflanzenwelt, den Naturschutz und die Kirnitzsch als Fischwasser, über geologische Fragen zu Elbsandstein und Lausitzer Granodiorit, über die alten Mühlen und kulturgeschichtliche Ereignisse sowie Probleme des Verkehrs und der Touristik, die Technologie der Flößerei informieren.
Der Lehrpfad verläuft im Stadtgebiet zweimal für ganz kurze Strecken auf Verkehrsstraßen, sonst auf dem Parkwegen, von der Ostrauer Brücke bis zur Ostrauer Mühle 2 km auf der *Hartungpromenade,* einem schattigen Waldweg am rechten Talhang. Vor der Ostrauer Mühle wird auf der alten Steinbrücke die Kirnitzsch überquert, worauf der Lehrpfad jetzt seine linken Bachufer treu bleibt, z. T. am Talhang etwas ausholend. Auf 1 km Länge nach der *Ostrauer Mühle* muß der Weg bei Eisbildung im Winter als touristisch anspruchsvoll bezeichnet werden, geologisch bedingt durch die hier verlaufende Gesteinsgrenze zwischen Sandstein und Granit. Das Teilstück zwischen *Nassem Grund* und *Beuthenfall* dürfte im wesentlichen noch mit dem ursprünglichen Flößersteig identisch sein, während die sonstige Trassenführung infolge von Straßenbau und Bachregulierung dem Original nicht mehr entsprechen kann. 1980 wurde der Lehrpfad um weitere 5 km vom *Lichtenhainer Wasserfall* bis zur *Neumannmühle* verlängert und vom Kreisaktiv für Wegemarkierung Sebnitz mit 23 Texttafeln ausgestattet (Gehzeit etwa 2 Std.). Hingewiesen sei auf das knapp 1 km lange Teilstück oberhalb des *Wehres am Tiefen Hahn,* das noch heute ursprünglicher Flößersteig ist. Rückfahrt ist ab Lichtenhainer Wasserfall mit der Straßenbahn oder ab Neumannmühle mit Bus möglich.

16. Wanderung: Über die Schrammsteine

Bad Schandau – Ostrau – Zahnsgrund – Lattengrund – Großes Schrammtor – Jägersteig – Schrammsteinaussichten – Schrammsteinweg – Zurückesteig – Carolafelsen (7 km, 3 Std., 350 m Höhenunterschied); z. T. beschwerlicher Felsaufstieg, Abstiege in Kirnitzsch- oder Elbtal (3 km, 1 Std.).

Die *Schrammsteine* sind die stark verwitterte und zerrissene, in ihrer Wildheit einmalige Felsenwelt östlich von Bad Schandau mit einer Ausdehnung von etwa 12 km² begrenzt im N vom Kirnitzschtal, im S vom Elbtal und im O von den beiden Wintersbergen. Sie werden touristisch unterteilt in Vordere Schrammsteine (vom Falkenstein bis zur Breiten Kluft) und Hintere Schrammsteine (von den Affensteinen bis zu den Wintersbergen). Aus der Vielzahl der markierten Zugänge auf die Schrammsteinaussichten seien die ausgewählt, von denen die schönsten Landschaftseindrücke gewonnen werden können:
1. Am Fahrstuhl in Bad Schandau beginnt die Markierung grünes Dreieck und bringt uns nach *Ostrau,* das heute mit den Häusern des FDGB-Heimes „Erwin Hartsch", dem Jugendtouristhotel „Rudi Hempel", den Villen und der jungen Eigenheimsiedlung am Erwin-Hartsch-Ring vordergründig als Erholungsort in Erscheinung tritt. An der Bushaltestelle treffen wir auf die Markierung blaues Kreuz des Internationalen Bergwanderweges der Freundschaft Eisenach – Budapest, der wir nunmehr bis in die Hinteren Schrammsteine treu bleiben. Bereits nach Verlassen des Ortes zeigen uns die *Vorderen Schrammsteine* ihr markantes Bild einer Kette berühmter Klettergipfel, das auch auf die Herkunft des Namens hinweist; schramen heißt im alten Sprachgebrauch (mhd) aufreißen. Wir erreichen am FDGB-Heim *Schrammsteinbaude* den *Zahnsgrund,* in dem wir 100 m abwärts bis zum Eingang des *Lattengrunds* gehen.

41

2. Ein zweiter Weg bis zum Lattengrund führt uns vom Bad Schandauer Zentrum mit der Markierung grüner Strich auf der Elbpromenade talaufwärts, vorüber am VEB Schiffswerft Oberelbe und der Fähre Postelwitz – Krippen, durch den Stadtteil *Postelwitz*, der sich 3 km lang auf dem manchmal kaum 50 m breiten Uferstreifen zwischen Felswänden und Elbe erstreckt. Das traditionsreiche Schifferdorf bringt sich durch seine reizvollen und farbenfreudigen Fachwerkhäuser zur Geltung, unter denen die sog. Sieben-Brüder-Häuser (Nr. 55–67) und das „Vaterhaus" (Nr. 69) besondere Beachtung finden. Jährlich wird Anfang Februar das Schifferfest mit Fastnachtsumzug gefeiert, ein Höhepunkt im kulturellen Leben des oberen Elbtales. An der Bootswerft Postelwitz biegen wir links in den *Zahnsgrund* ein und erreichen nach 5 Min. die Markierung blaues Kreuz am *Lattengrund* (EB-Weg, Teilstrecke Schrammsteine – Gr. Winterberg).
Hier beginnt der Aufstieg in die Schrammsteine, mit denen wir zuerst am *Großen Schrammtor* Bekanntschaft machen. Es wird südlich vom Schrammtorwächter und nördlich von den Ostertürmen flankiert. Nach 10 Min. kommen wir an den *Jägersteig*, auf dem die letzten hundert Meter steil in die Höhe führen. Nach dem Ausstieg auf den Gratweg können die noch etwa 10 m höher gelegenen Aussichtsplattformen *(Elbaussicht* auf Bad Schandau und *Torsteinaussicht,* 417 m) getrennt erstiegen werden.
Auf dem *Gratweg* und seiner Fortsetzung, dem *Schrammsteinweg*, die als charakteristische Kammwanderwege der Sächsischen Schweiz gelten, erreichen wir in immer gleichbleibend 400 m Höhe die *Breite-Kluft-Aussicht* mit Blick auf Rauschenstein und Großen Winterberg. Die nicht immer übersichtliche Wegführung des Zurückesteiges ist bei Beachtung der Markierung nicht zu verfehlen. Am Beginn des Reitsteiges (erkennbar, wenn der Sinn des alten Namens bedacht wird) zeigt ein Wegweiser nordwärts zum *Carolafelsen* (5 Min.), mit 453 m höchster Punkt der Hinteren Schrammsteine. Der beeindruckende Fernblick wird von einer wilden Wald- und Felsszenerie eingerahmt.
Abstiege: 1. Kürzester Weg durch die Wilde Hölle über Eisenklammern auf den Unteren Affensteinweg, geradeaus weiter durch die Eulentilke und den Nassen Grund zur Kirnitzschtalbahn (30 Min.). 2. In das

Elbtal: zurück auf den Reitsteig und 100 m westwärts bis zum Zurückesteig, dort südwärts auf der Heiligen Stiege (Wegweiser) in den Heringsgrund und anschließend auf dem Wurzelweg nach Schmilka (2 km, 30 Min.). 3. Vom Carolafelsen Fußweg nach Bad Schandau: zurück auf den Reitsteig, dort mit Markierung gelber Strich bis nach Bad Schandau über Schrammsteinweg, Abstieg Kleiner Dom (Abstecher zum Großen Dom, Sandlochweg, Wenzelweg, Zahnsgrund (7 km, 2 Std.).

17. Wanderung: Zum Kuhstall und Großen Winterberg

Lichtenhainer Wasserfall – Kuhstall – Kleiner Winterberg – Großer Winterberg – Schmilka (8 km, 4 Std.; Markierung: roter Punkt); Steigungen Kirnitzschtal – Kuhstall 170 m und Dietrichsgrundstraße – Kleiner Winterberg 220 m, sonst bequeme Waldwege.

Ausgangspunkt ist die Endstation der Kirnitzschtalbahn am *Lichtenhainer Wasserfall* (künstlicher Wasserfall über 5 m hohe Sandsteinstufe, renommierte Gaststätte seit 1852). Dort beginnt an der Kirnitzschbrücke der breite Fremdenweg als Aufstieg zum *Kuhstall*. Die imposante Schichthöhle, besser Felsentor, 11 m hoch, 17 m breit, 24 m tief, hat ihren Namen aus dem 15. Jh. und dem Dreißigjährigen Krieg: ein Unterstand für Vieh, zuerst der Raubritter, dann der geflüchteten Lichtenhainer Bauern. 1853 entstand das Gasthaus. Aus der Höhle steigen wir links aufwärts durch einen engen Felsspalt auf das Plateau des *Neuen Wildensteins* (336 m). Hier finden sich zahlreiche Reste der Burg Wildenstein (1409–1451), u. a. Balkenlager, Mauersockel, Zisterne. Aussicht nach S: rechts vom Kl. Winterberg die Speichenhörner, der Frienstein, die Affensteine, der Bloßstock; links vom Kl. Winterberg die Bärenfangwände, davor der Winterstein, links vorn die Lorenzsteine, dahinter Teichstein und Raumberg. – An der Nordöffnung der Kuhstallhöhle führt die Nasse Schlucht abwärts auf den Fremdenweg, auf dem wir die Dietrichsgrundstraße kreuzen, um nach 100 m den *Eichenborn* (eisenhaltiges Trinkwasser, 1981 neu gefaßt) und nach 200 m den serpentinenartigen Aufstieg zum *Kleinen Winterberg* zu erreichen (500 m). Kurz nach der letzten Linksbiegung geht rechts ein unscheinbarer Fußpfad steil zum Win-

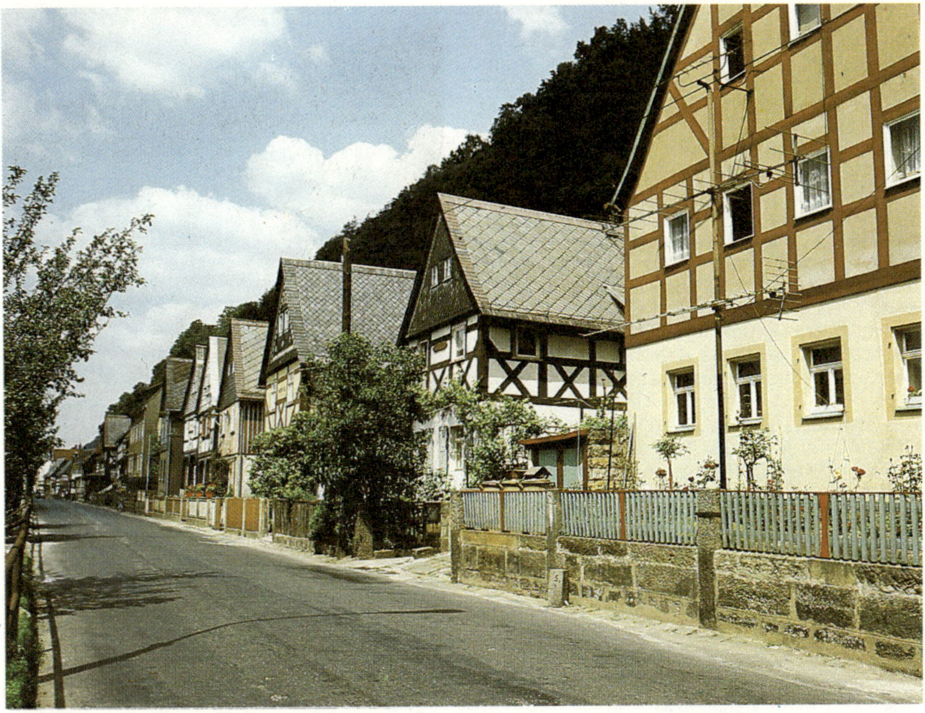

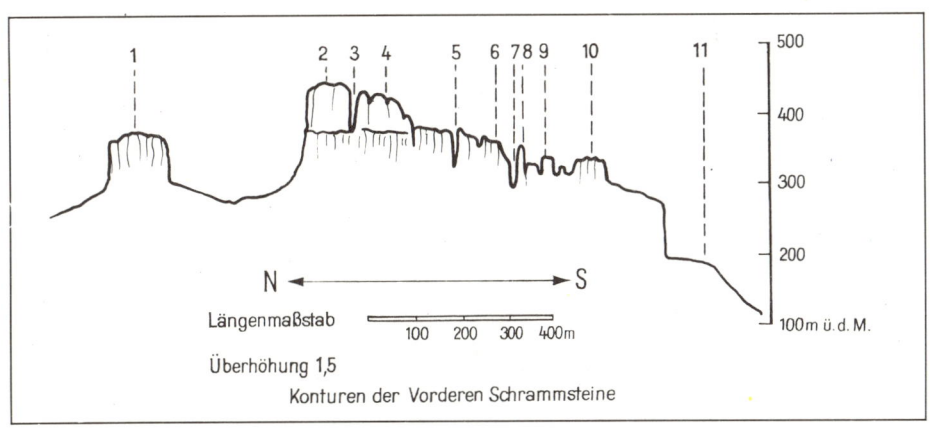

Postelwitz, Sieben-Brüder-Häuser

Profil der Schrammsteine

1 Falkenstein
2 Hoher Torstein
3 Hohes Schrammtor
4 Mittlerer Torstein
5 Mittleres Schrammtor
6 Ostertürme
7 Großes Schrammtor
8 Schrammtorwächter
9 Meurerturm
10 Vorderer Torstein
11 Halden der Postelwitzer Steinbrüche

1
2
3
4
5
6
7
8
9
10
11
500
400
300
200
100m ü.d.M.
N
S
Längenmaßstab
100
200
300
400m
Überhöhung 1,5
Konturen der Vorderen Schrammsteine

terberghäuschen hinauf, einem Pavillon von 1818. Die lateinische Inschrift beschreibt ein Jagdereignis von 1558. Rückstieg auf den Fremdenweg, der auf einer aussichtsreichen Sandsteinterrasse 50 m unterhalb des Gipfels in südlicher Richtung verläuft und an einer alten Wegsäule in den Reitsteig mündet. Diesem folgen wir südwärts weiter (nach 7 Min. zweigt rechts der Wurzelweg nach Schmilka ab), vorbei an der Torbuche (ND), geradeaus auf den *Großen Winterberg* (552 m, Naturschutzgebiet, Basaltkuppe auf Sandsteinsockel, anstehende Basaltsäulen, Gasthaus seit 1840, heute Betriebsferienheim mit öffentlicher Gst). Die Aussicht ist gegenwärtig nur von der Gaststättenterrasse nach O möglich. Abstiege nach Schmilka: 1. Auf dem Wurzelweg (s. oben!), Markierung grünes Dreieck, 45 Min. 2. Auf der Winterbergstraße (daran Kipphornaussicht, bemerkenswert: man sieht zweimal den Elbspiegel, einmal bei Dolní Žleb und einmal bei Bad Schandau) und durch den Erlsgrund, Markierung roter Punkt, 1 Std. 3. Auf dem Bergsteig, gelber Strich (EB-Weg zur Staatsgrenze und weiter ins Gebiet der ČSSR), kürzester Abstieg, 30 Min.

Schmilka
Übernachtung: Campingplatz R/14
Gaststätten: Zur Mühle, Nr. 36; Zum Grenzeck, Nr. 23; Helvetia, Nr. 11; Elbcafé, Nr. 31 b.

Umgebindehaus bei Hinterhermsdorf

Hinterhermsdorf

Hinterhermsdorf (950 Einwohner) als der am weitesten östlich gelegene Ort der Sächsischen Schweiz ist auf drei Seiten vom Staatsgebiet der ČSSR und von einem unübersehbaren, 6–12 km breiten, mindestens 170 km² großen Waldgürtel umgeben. Geographisch gesehen, befindet er sich am Übergang vom Elbsandsteingebirge zu den granitenen Ausläufern des Lausitzer Berglandes. In dem seit 1971 „Staatlich anerkannten Erholungsort" verbringen etwa 2200 Feriengäste des FDGB alljährlich, zum Teil sogar im Winter, erholsame Urlaubstage.

Kulturhistorisch am bemerkenswertesten im Ortsbild, das in seiner Gesamtheit unter Denkmalschutz steht, sind rund 60 *Umge-bindehäuser.* Der Ganzblockbau Dorfbachweg 6 von 1670 steht sogar auf der Bezirksdenkmalliste. Mehr als 80 km markierter Wanderwege warten auf Touristen und Urlauber, darunter das 27 km lange Teilstück des Hauptwanderweges der DDR Zittau – Wernigerode zwischen Sebnitz, der Oberen Schleuse und dem Zeughaus. Die schönsten Aussichtspunkte sind die *Emmabank* auf der Taubenstellige, vom sogenannten Viebigt aus als Abstecher des gelb markierten Rundweges zu erreichen, der *Königsplatz* (s. Wanderung 18) sowie der *Lindigtblick,* zu dem eine grüne Punktmarkierung führt.

Hinterhermsdorf entstand im Zusammenhang mit der Erschließung der elbnahen Ebenheiten im 13. Jh. als rundlingsartiges Quellreihendorf, an das sich später sogenannte Räumichte als Streusiedlungen angeschlossen haben. Den Bewohnern kam der zunächst unerschöpfliche Reichtum an Wäldern zugute. Sie waren Holzfäller, Flößer, Köhler, Pechsieder und mußten bei kurfürstlichen Hofjagden als Treiber schwere Dienste leisten oder mit Wagen und Zugtieren oft tage- bzw. wochenlang unterwegs sein. Deswegen ist es hier schon hundert Jahre vor dem Sächsischen Bauernaufstand von 1790 zu Jagdunruhen gekommen. Von der Oberlausitz herüber und durch böhmische Exulanten gelangte die Leineweberei als Erwerbsquelle auch in diesen Grenzzipfel.

Gaststätten: Erbgericht, Schandauer Str. 1; Zur Hoffnung, Schandauer Str. 74.
Freibad.
Ausflugsgaststätten: Buchenparkhalle (1 km v. Hinterhermsdorf); Obere Schleuse (3 km v. Hinterhermsdorf); Räumichtmühle (3 km v. Hinterhermsdorf); Buschmühle (5,5 km v. Hinterhermsdorf); Felsenmühle (6 km v. Hinterhermsdorf); Zeughaus (7 km v. Hinterhermsdorf); Saupsdorf (4,5 km v. Hinterhermsdorf): Zur Schmiede, Oberdorf Nr. 1.

---

18. Wanderung: Zur Oberen Schleuse

Hinterhermsdorf – Königsplatz – Kirnitzschtal – Obere Schleuse – NSG Kirnitzschklamm – Kirnitzschtal – Höllstraße – Hinterhermsdorf (14 km; 4,5 Std.). Markierung: blaues Andreaskreuz (Hauptwanderweg der DDR); Abstecher zum Königsplatz grünes Dreieck; Höllstraße ohne Markierung; z. T. beschwerliche Auf- und Abstiege.

In langsamem Anstieg, mit Rückblick auf das Dorf und auf den granitenen Höhenzug von der Tanečnice über Wach- und Weifberg zum Plešný bei Brtníky, geht man südwärts zu den Parkplätzen bei der KG *Buchenparkhalle*. Vom Hohweg (grün markiert) lohnt ein Abstecher (1200 m) zum Aussichtspunkt *Königsplatz*. Aus 437 m Höhe hat man ein großartiges Wald- und Felspanorama über weite Teile des LSG Labské pískovce (ČSSR) hinweg bis zu den vulkanischen Gipfeln des LSG Lužické hory. Dann bringt uns der Hauptwanderweg der DDR Zittau – Wernigerode mit 160 m Höhenunterschied hinab ins *Kirnitzschtal*, das hier auf 8 km Strecke die Staatsgrenze bildet, und zur Bootsstation *Obere Schleuse* (Gst). Die Bootsfahrt auf der 700 m langen Stauanlage, die vom 16. Jh. bis zum zweiten Weltkrieg dem Holzflößen nach der Elbe diente, gehört zu den reizvollsten Erlebnissen in der Hinteren Sächsischen Schweiz. Nach 20 Min. Fahrzeit stehen wir auf der Sperrmauer, die in heutiger Ausführung von 1931 stammt und als Denkmal der Produktionsgeschichte unter Schutz steht. Beim Ziehen der Schleuse glitt früher das Floßholz unter dröhnendem Donner und kreischendem Splittern durch die Wasserpforte und wurde von der hochschäumenden Flut weitergetragen. Von der Hinterhermsdorfer Niedermühle und dem Taubenstein bis zur Talweitung unterhalb der Rabensteine reicht seit 1961 das 53 ha große NSG „Kirnitzschklamm". Von der Oberen Schleuse talwärts gerechnet, wurden 22 ha davon zum Totalreservat erklärt. Hier soll in langen Zeiträumen die Rückentwicklung zu einer Naturwald- bzw. Urwaldzelle erfolgen. Unter den Fichten auf der Talsohle sind schon jetzt 200- bis 300jährige Baumriesen (unterhalb der Wolfsschlucht ein 53 m hoher Baum unmittelbar am Wanderweg) keine Seltenheit. Auch die ältesten Tannen der DDR, darunter eine mehr als 300jährige, befinden sich hier. Zu den Sehenswürdigkeiten dieses Talabschnittes, durch den der Wanderweg verläuft, gehören weiterhin der Tiefblick vom Schleusenhorn (Hermannseck), zu dem hinauf eine enge Felsensteige führt, das zum Flächennaturdenkmal (FND) erklärte „Seufzergründel" (wo sich im Schwemmsand Anreicherungen von Schwermineralien finden) und die Wolfsschlucht mit ihren von Blocktrümmern gebildeten Felstunneln.

Nahe dem unteren Ende des Naturschutzgebietes begleiten uns zur Rechten die zerklüfteten Darnsteinwände und Rabensteine. Dann ist die Talweitung erreicht, in der bereits im Mittelalter ein Verbindungsweg zwischen Böhmen und Sachsen, die alte Böhmerstraße, auf tschechischer Seite noch heute „Česká silnice" genannt, das Kirnitzschtal querte. Bis hierhier hat uns der Hauptwanderweg der DDR gebracht. Ohne Markierung geht es nun mit 150 m Steigung und mehreren Kurven auf dem alten Straßenzug, der heute als *Höllstraße* bezeichnet wird, nach Hinterhermsdorf zurück.

Im Kirnitzschtal

19. Wanderung: Durchs Kirnitzschtal zur Buschmühle

Hinterhermsdorf – OT Neudorf – Wettinplatz – Wüstung Krummhermsdorf – Rabensteine – Kirnitzschtal – Niedere Schleuse – Buschmühle (12,5 km; 3,5 Std.). Markierung: grüner Strich bis zum Kirnitzschtal; blaues Andreaskreuz bis Thorwalder Brücke; normale Wanderwege.

Durch die Neudorfstraße zu den obersten Häusern des OT *Neudorf* und auf dem Lehmhübelweg zum *Wettinplatz.* Der dort aufgestellte Gedenkstein von 1889 ist ein „Findling" aus schwedischem Granit, den das nordische Eis im Pleistozän bis zu den Ebenheitsflächen bei Dorf Wehlen trans-

portiert hat. Auf dem Hohweg, der später in den Rabensteinweg übergeht, kommen wir an der früher viel umfangreicheren *Hohwiese* vorbei, die wegen ihres Vorkommens von Basaltbrockentuff zum geologischen Flächennaturdenkmal (FND) erklärt wurde. Hier befand sich zu Beginn der Kolonisationszeit der Waldweiler Krummhermsdorf, dessen Bewohner primitivem Bergbau nachgingen. Es war gleichzeitig Rast- und Tränkplatz für die Handelsleute. Daran erinnert nur noch der gemauerte „Eichelborn" rechts des Weges. Bevor wir ins Kirnitzschtal gelangen, lohnt ein Blick vom Aussichtspunkt *Rabensteine* nach Westen zum Raumberg (460 m) und zum Růžák (619 m).

Auf der 1880 ausschließlich für forstwirtschaftliche Zwecke ausgebauten *Kirnitzschtalstraße* steht uns jetzt über 6,5 km hinweg eine bequeme Wanderung bevor. Jahrhundertelang hatte es hier nur die „Flößersteigel" beiderseits des Baches gegeben, auf denen die „Floßknechte" bereitstanden, um festgefahrene Stämme wieder flottzumachen. Nach etwa 500 m verläßt die Staatsgrenze zur ČSSR unser Tal, um bergauf, bergab durch den Ziegengrund zu den Thorwalder Wänden emporzuklettern, und nach 8,5 km zur Elbe hinabzuführen. Sie ist seit 1492 unverändert geblieben. Am *Marienquell,* einer Schichtquelle mit 2 l/s Wasserabgabe, vorbei, gelangen wir zur *Niederen Schleuse,* die zusammen mit der Oberen Schleuse (s. Wanderung 18) vor 1600 zum Zwecke des Holztriftens angelegt worden war (jetzt Technisches Denkmal). Seit alters ist die *Kirnitzsch* ein forellenreicher Bach. Schon um 1550 mußten von den Anliegern auf der 17 km langen Strecke zwischen Grenze und Elbe jährlich 1200 Forellen an das Amt Hohnstein abgeliefert werden. Seit 1961 steht die Kirnitzsch den im Deutschen Anglerverband der DDR organisierten Sportanglern von Mai bis September an je 25 Angeltagen zur Verfügung. Treue Begleiter des Bachlaufes sind die Wasseramseln (stehen unter Naturschutz), die durch ihren großen weißen Brustlatz auffallen. Sie leben nur dort, wo klares Wasser fließt und haben ihre Wohn- und Jagdbereiche derart aufgeteilt, daß jedem Pärchen ein Bachabschnitt von 1,5 bis 2 km Länge zusteht.

Nur 1 km ist von der Einmündung der Kirnitzschtalstraße in die Landstraße Bad Schandau – Hinterhermsdorf noch bis zur Bushaltestelle Buschmühle zurückzulegen.

Ferienheim Neumannmühle im Kirnitzschtal

20. Wanderung: Zu Raubschlössern und Mühlen

Saupsdorf – Arnstein – Buschmühle – Neumannmühle – Großer Zschand – Zeughaus – Winterstein – Kleiner Zschand – Kirnitzschtal – Felsenmühle (12,5 km; 4 Std.). Markierung: gelber Strich bis Zeughaus, roter Strich bis zum Winterstein; bis Kleiner Zschand ohne Markierung, zum Schluß wieder grüner Strich.

Die Wanderung beginnt in Saupsdorf, das von Hinterhermsdorf mit dem Bus erreicht werden kann.

Den besten Eindruck, den der am Fuße des 496 m hohen Wachberges gelegene FDGB-Ferienort *Saupsdorf* (540 Einwohner) zu bieten vermag, hat man von den drei markierten Wanderwegen aus, die am Westende des Dorfes (KG Zur Schmiede) ihren Anfang nehmen.

Die gelbe Markierung führt, unmerklich die Grenze zwischen der Lausitzer Granodioritlandschaft und dem Elbsandsteingebirge querend, zum *Arnstein*. Als mittelalterliche Felsenburg bildet dieser mit all seinen Überresten (alte Stufenanlagen, Falze und Balkenlager, ehemaliges Burgverlies, Felskammern, Zisterne und geheimnisvolle Felszeichnungen) ein streng geschütztes Bodendenkmal. Vom Arnstein aus unternahmen seine Besitzer im 15. Jh. ausgedehnte Raubzüge und kehrten mit reicher Beute zurück. Zweimal wurde deswegen das Felsennest belagert, bis es 1438 gegen eine ansehnliche Geldsumme in sächsischen Besitz überging.

Auf einem alten Reitsteig, dabei die 50 m senkrecht aufstrebenden Wände des Arnsteins auf seiner Nordwestseite umwandernd, gelangen wir ins *Kirnitzschtal.* Die *Buschmühle* steht als Fachwerkhaus mit Mühlrad sowie dem Wohnhaus mit Balkenstube und -decke unter Denkmalschutz, die nahe *Neumannmühle* als eine der ältesten im Kirnitzschtal sogar auf der Bezirksdenkmalliste. Mit ihrer Schleifeinrichtung für die Papierherstellung, die dem Stand von 1870 entspricht, wurde sie zu einer technischen Schauanlage für die Öffentlichkeit umgestaltet und stellt gleichzeitig eine Würdigung dar für Friedrich Gottlob Keller (1816–95), den Erfinder des Holzschliffs.

Durch den Großen Zschand erreicht man das *Zeughaus,* ehemals Aufbewahrungsort für Jagdgerätschaften des kurfürstlichen Hofes, jetzt HO-Waldschenke. Es lag an einem ehemaligen Wegübergang nach Böhmen und war willkommener Rastplatz beim Abtransport des im Winterberggebiet geschlagenen Holzes zur Neumannmühle, von wo es zur Elbe geflößt wurde. Talaufwärts gehört heute der *Große Zschand* mit seinen Seitenschluchten zum größten Naturschutzgebiet der Sächsischen Schweiz (830 ha).

Der *Winterstein,* auch als Hinteres Raubschloß bezeichnet, bildet einen Felsstock, der sich mit 40 m hohen Wänden vom Massiv der Bärenfangwände losgelöst hat. Urkundlich bereits 1379 genannt, ist er heute geschütztes Bodendenkmal. Mit Hilfe alter Steinstufen und stabiler Eisenleitern gelangt man zum Gipfel, auf dem noch ein künstlich erweitertes Höhlengemach mit Steinbänken und Rauchfang, eine Zisterne und Balkenlager von ehemaligen Überbrückungen zu finden sind. Das Felsennest kaufte 1442 der Oberlausitzer Sechsstädtebund und ließ es niederreißen.

Der Abstieg erfolgt in Nordwestrichtung durch die Buchschlüchte zur Zeughausstraße und durch den *Kleinen Zschand* ins Kirnitzschtal. Von der einstigen *Felsenmühle,* über die, allerdings unter anderem Namen, erst von 1663 an berichtet wird, steht seit Erbauung der Talstraße nur noch das Wohnhaus (Gst).

Mit dem Bus erfolgt von der Felsenmühle aus die Rückfahrt nach Hinterhermsdorf (6 km) bzw. nach Bad Schandau oder Pirna (14 bzw. 37 km).

Sebnitz

Sebnitz liegt außerhalb des LSG Sächsische Schweiz und gehört geographisch zur Oberlausitz. Für die aus der Lausitz Anreisenden ist die Stadt jedoch ähnlich wie Pirna eines der „Tore zur Sächsischen Schweiz". Sie wird von Touristen gern besucht, da mehrere Wanderwege von hier ausgehen. Aber auch schon von den die Stadt umgebenden Bergen bieten sich reizvolle Ausblicke auf den Ort und in die Landschaft. Als Ferienort besitzt Sebnitz seit einigen Jahrzehnten wegen im Stadtgebiet befindlicher Kinderferienlager Bedeutung. Unter ihnen ist das Zentrale Pionierlager „Grete Walter" auf dem Buchberg das bedeutendste.

Die einstige Ackerbürgerstadt Sebnitz ist seit über hundert Jahren in der Welt als Kunstblumenstadt bekannt. Das um 1834 von nordböhmischen Blumenmachern hierher verpflanzte Gewerbe erlebte um die Jahrhundertwende, begünstigt durch die Mode, eine besondere Glanzzeit. Es beschäftigte damals in der Stadt und in der Umgebung über 10 000 Menschen. Viele von ihnen waren Heimarbeiter. Heute setzt in der 11 700 Einwohner zählenden Kreisstadt der im Jahre 1953 gegründete sozialistische Großbetrieb VEB Kunstblume Sebnitz die 150jährige Tradition des Gewerbes fort, und seine mehr als 4000 Beschäftigten liefern ihre Erzeugnisse in etwa 30 Länder der Erde. Unter den mehreren tausend Artikeln des Betriebssortiments machen allerdings die traditionellen Kunstblumen nur noch ein Drittel aus. Für diesen Teil der Produktion ist nach wie vor die Handarbeit typisch. Aber auch andere Betriebe (u. a. Webereien, Werkzeug- und Landmaschinenbau sowie die Herstellung von Plastikerzeugnissen) bestimmen seit Jahrzehnten das wirtschaftliche Profil der Stadt mit.

Stadtrundgang

Es empfiehlt sich, den Rundgang durch die 750jährige Stadt auf dem *August-Bebel-Platz* zu beginnen. Dieser von jeher für das gesellschaftliche Leben der Stadt zentrale Marktplatz erhielt sein heutiges Aussehen nach einem großen Stadtbrand von 1854. Er steht als Denkmal des Städtebaues und der Architektur unter Schutz. Durch die seit dem Beginn der achtziger Jahre

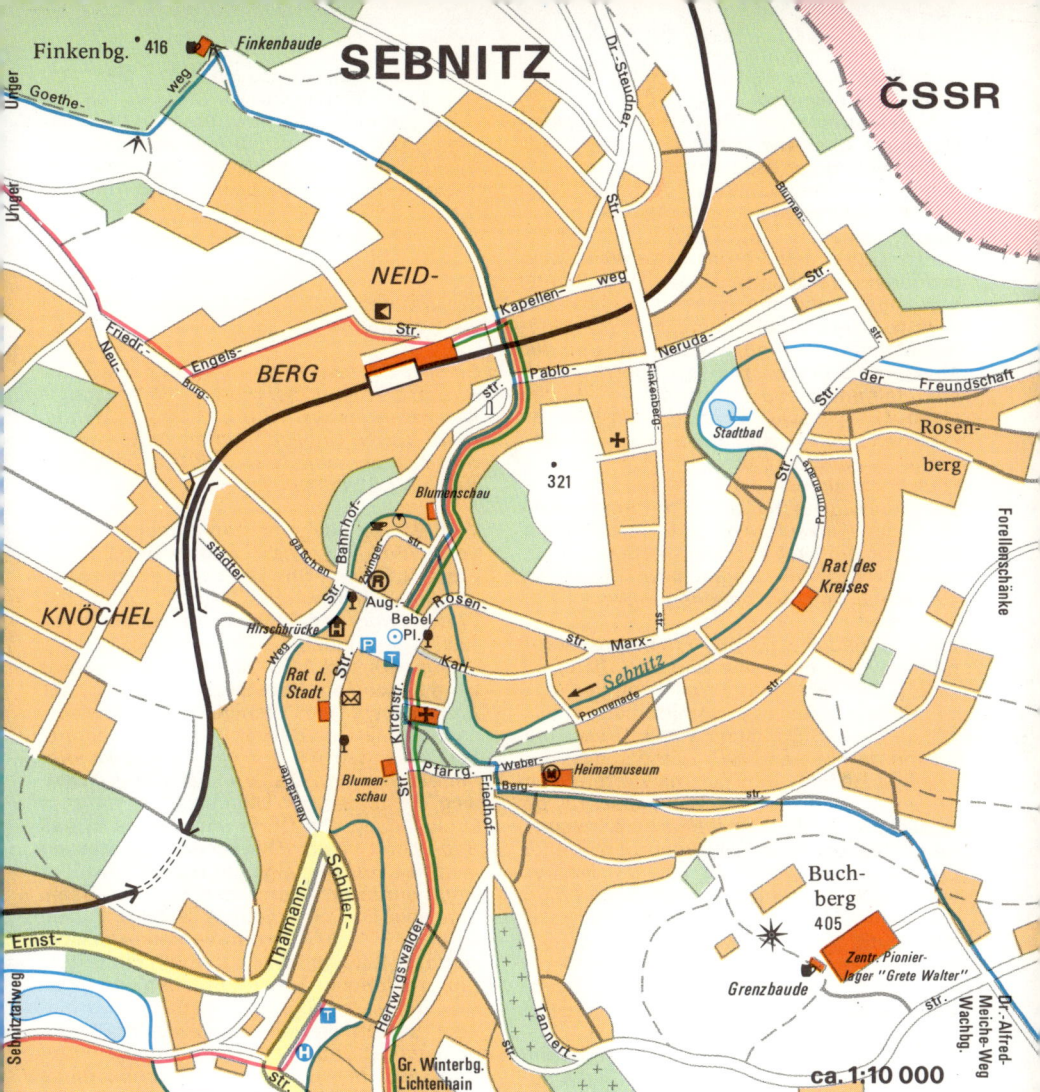

laufenden Rekonstruktionsarbeiten wird die ursprüngliche Architektur weitgehend wieder hergestellt, die Gebäude saniert und modernisiert und somit das Stadtzentrum ästhetisch aufgewertet.

Bedeutendstes und zugleich ältestes Baudenkmal der Stadt ist die in der Nähe des Marktes gelegene *Stadtkirche.* Sie wurde zwar 1928 teilweise umgebaut und erhielt anstelle der beiden Dachreiter einen stattlichen Glockenturm; im Inneren blieb jedoch die vorwiegend aus dem 16./18. Jh. stammende Ausstattung weitgehend erhalten. Der Freund der Volksbauweise findet außerhalb des Stadtzentrums auf der Bergstraße, an der Obergasse, der Hertigswalder Straße, an der Karl-Marx-Straße und am Rosenberg einige unter Denkmalschutz stehende *Umgebinde-* und *Fachwerkbauten* aus dem 17./19. Jh., die einst Handwebern bzw. Faktoristen als Wohn- und Arbeitsstätten dienten.

Das *Heimatmuseum* (Bergstr. 9) gibt einen Überblick über die Geschichte der Stadt unter besonderer Berücksichtigung der heimischen Kunstblumenindustrie. Es verwahrt ferner zahlreiche Werke von heimischen Künstlern und heimischer Volkskunst. Unter den Volkskunstarbeiten sind besonders die Schattenspiele (Weihnachtsvolkskunst) und die Scherenschnitte des Schriftsetzers Adolf Tannert (1839–1913) hervorzuheben. In den Sammlungen des Museums befinden sich u. a. der Nachlaß des Heimatforschers Prof. Dr. A. Meiche (1870–1947) sowie Erinnerungsstücke an die bedeutende deutsche Handpuppenbühne Max Jacob, die seit 1928 in Hohnstein ansässig war.

Als Ausflugsgaststätten im Stadtgebiet sind die *Finkenbaude* auf dem Finkenberg und die 1984 auf dem Buchberg eröffnete *Grenzbaude* wegen ihrer guten Gastronomie und der schönen Rundsicht zu empfehlen.

Im Stadtgebiet sind drei Freibäder (Stadtbad, Bad Hertigswalde und Waldbad „Forelle"). Das Waldbad „Forelle" mit der HOG *Forellenschänke* liegt unmittelbar an dem 360 ha großen Sebnitzer Wald. Dieser bietet mit den beiden NSG „Gimpelfang" und „Heilige Hallen", den gut markierten Wanderwegen und dem im *Wölmsbachtal* befindlichen Gondelteich vielfache Erholungsmöglichkeiten. Den Wintersportlern stehen die *Grenzwinkelschanze* im OT Hertigswalde und der Abfahrts- und Slalomhang mit dem Skischlepplift am *Buchberg* zur Verfügung.

Übernachtung: Hotel Stadt Dresden, A.-Bebel-Pl. 7.

Kultur- u. Sportstätten: Heimatmuseum, Bergstr. 9; Filmtheater Tribüne, Fr.-Engels-Str.; Freibad, Albert-Kunze-Weg; Stadtbad, Hainmerstr.; Waldbad Forelle, Mannsgrabenweg.

Gaststätten: Stadt Prag, A.-Bebel-Pl. 13; Neue Post, E.-Thälmann-Str. 21; Stadtcafé, Bachstr. 1; Gst Hertigswalde; Waldhaus, Hertigswalde Nr. 131.

Taxi: VEB Kraftverkehr, A.-Bebel-Pl., Tel. 37 20; H.-J. Mutze, Sebnitz-Schönbach Nr. 29 b, Tel. 45 60.

Kfz-Service: H. Wagner, Friedhofstr. 8, Tel. 34 32.

Medizinische Einrichtung: Kreispoliklinik, Götzinger Str., Tel. 8 60.

Ausflugsgaststätten: Finkenbaude (416 m hoch, 1 km v. Sebnitz); Grenzbaude (400 m hoch, 1 km v. Sebnitz); Forellenschänke (2 km v. Sebnitz); Unger (538 m hoch, 4 km v. Sebnitz); Gh Ottendorf (3 km v. Sebnitz); Schmiede, Saupsdorf, Oberdorf Nr. 1 (5 km v. Sebnitz); Wachberg (496 m hoch, 2 km v. Saupsdorf); Räumichtmühle (2 km v. Saupsdorf).

21. Wanderung: Durch das Sebnitztal bis Kohlmühle

Sebnitz Bf. bzw. Busbf. – Amtshainersdorf – Ortsanfang Ulbersdorf – Sebnitztal – Kohlmühle (etwa 10 km, 3 Std.). Markierung: rotes Dreieck. Hinter Amtshainersdorf z. T. schmale Feld- und Waldwege mit Auf- und Abstiegen.

Vom Bf. Sebnitz geht man durch die Bahnhofstraße, über den August-Bebel-Platz, Ernst-Thälmann-Straße zum Busbahnhof an der Schillerstraße. Hier beginnt der Wanderweg und führt an der ehemaligen 1826 gegründeten Papierfabrik (heute Zweigwerk des VEB Kombinat Fortschritt Landmaschinen Neustadt) durch den OT *Amtshainersdorf*. Wenige hundert Meter nach den letzten Häusern von Amtshainersdorf gelangen wir auf der Straße an den mit einem roten Dreieck markierten Waldweg. Er führt über Ulbersdorfer Flur zum Ortsausgang des Dorfs und von da in das *Sebnitztal* hinab. Das enge Tal, dessen zum Teil steil ansteigende Hänge bewaldet sind, wurde erst durch den Bau der Eisenbahnlinie Bad Schandau – Sebnitz in den Jahren 1874/1877 für den Verkehr erschlossen. Der Bahnbau war nur durch die Errichtung zahlreicher Tunnel, Brücken und Wasserdurchlässe möglich. Eine Straßenverbindung besteht im Sebnitztal zwischen Amtshainersdorf und dem OT Kohlmühle nicht. Vom Hp Mittelndorf der Eisenbahnlinie führt ein mit grünem Strich markierter Wanderweg nach *Mittelndorf*. Gegenüber dem ehemaligen Ghs „Buttermilchmühle", das durch Blitzschlag im Mai 1985 abgebrannt ist, zweigt das Schwarzbachtal ab. Am Eingang desselben liegen auf dem *Schwarzberg* die Ruinen der mittelalterlichen Burganlage *Goßdorfer Raubschloß*. Durch den Schwarzberg führt der Tunnel der früheren Schmalspurbahn Goßdorf/Kohlmühle – Hohnstein (1897/1951). Die kleine Ansiedlung *Kohlmühle* ist OT von Goßdorf. Hier befindet sich eine der bedeu-

tendsten Produktionsstätten für Fußboden-
belag in unserer Republik. Während wir auf
der bisherigen Wanderung Lausitzer Granodiorit als Untergrundgestein vorfanden,
gelangen wir bei Kohlmühle in das Gebiet
des Elbsandsteins. Der Wanderweg führt
von Kohlmühle weiter durch das Sebnitztal
in Richtung Porschdorf. Rückfahrt mit Bahn
von Kohlmühle nach Sebnitz (10 km) oder
Bad Schandau (6 km).

22. Wanderung:
Auf dem Dr.-Alfred-Meiche-Weg

*Sebnitz Busbf. – Ghs Waldhaus Hertigs-
walde – Ghs Wachberg – Hinterhermsdorf
(12 km, 4 Std.). Markierung: blaues Andreaskreuz (Teilstrecke des Hauptwander-
wegs der DDR Zittau – Wernigerode); vorwiegend Feld- und Waldwege.*

Der Weg trägt den Namen des einst in Sebnitz beheimateten bedeutenden sächsischen Regionalhistorikers, Volkskundlers
und Sprachforschers *Prof. Dr. Alfred Meiche* (1870–1947). Er führt vom Busbf. Sebnitz durch die Hertigswalder Straße zur
Stadtkirche (Besichtigung empfehlenswert) und von da die Bergstraße hinauf am
Heimatmuseum vorbei. Über die steil ansteigende Straße, von der sich reizvolle
Ausblicke auf die Stadt bieten und an der
noch einige Umgebindehäuser stehen, gelangen wir zum *Buchberg*. Auf dem Gipfel
stehen das Zentrale Pionierlager „Grete
Walter" und die HOG „Grenzbaude". Nach
kurzer Wanderung durch den Wald führt
der Weg über Wiesengelände nach *Ober-
hertigswalde* zu dem am Ortsausgang liegenden *Ghs Waldhaus*. Hier kreuzt die
Staatsstraße die „Hohe Straße", eine vom
Mittelalter bis ins 19. Jh. viel befahrene
Handelsstraße vom Elbtal durch Nordböh-
men nach der Oberlausitz. Wenige hundert
Meter nach dem „Waldhaus" zweigt der
Weg hinter dem Steinbruch links ab,
führt am Waldrand entlang und an der ehemaligen Waldmühle vorbei zum Fuß des
Wachbergs. Über einen längeren Steilauf-
stieg, der teilweise unmittelbar an der
Staatsgrenze verläuft, erreicht man die
1851 errichtete Berggaststätte. Hier bietet
sich eine prächtige Rundsicht auf die tiefer
liegende Sächsische Schweiz, ins Gebiet
des České středohoří und nach dem sich
am Horizont abzeichnenden Kamm des
Osterzgebirges. Der Weg geht nun durch

Wald bzw. am Waldrand entlang mit einigen Auf- und Abstiegen zum *Weifberg*
(478 m). Von hier auf der alten Nixdorfer
Straße, die wiederum schöne Ausblicke in
die Landschaft bietet, gelangt man nach
Hinterhermsdorf.

České Švýcarsko

23. Wanderung: Zur Pravčická brána

*Hřensko – Pravčická brána – Fučíkova
stezka – Mezní Louka – Mezná – Tal der
Kamenice – Tichá soutěska – Hřensko
(17 km, 5–6 Std., einschl. Bootsfahrt auf
der Tichá soutěska).*

Wir beginnen mit der Wanderung am Elbkai Hřensko, an der Mündung der Kamenice in die Elbe, 2 km entfernt vom Grenzübergang zur ČSSR in Bad Schandau-
Schmilka. Um uns 3 km Straße zu erspa-
ren, fahren wir mit dem Kraftomnibus der
ČSAD (Haltestelle jenseits der Brücke über
die Kamenice) gegen 9 Uhr bis Abzweig
Pravčická brána. Trotzdem sind beim Aufstieg zur Pravčická brána noch 230 m Höhenunterschied zu überwinden. Die interna-
tionale grüne Markierung kennzeichnet den
gesamten vor uns liegenden Weg seit 1975
als „Naturlehrpfad der Freundschaft
ČSSR–DDR" (naučná stezka Přatelství
ČSSR–NDR). Die bis Mezní Louka uns be-
gleitende rote Markierung weist ihn zudem
seit 1983 als Teilstück des insgesamt
2700 km langen, mit „EB" bezeichneten „Internationalen Bergwanderweges der
Freundschaft Eisenach – Budapest" aus.
Dieser hat, vom Großen Winterberg kom-
mend, in Schmilka die DDR verlassen und
führt nun auf dem Gebiet der ČSSR durch
das LSG Labské pískovce.
Die *Pravčická brána*, urkundlich 1410 bei
einer Grenzregelung als „das große thor"
erstmals genannt, ist schon vor rund 200
Jahren, lange Zeit, bevor der heutige Name
„Pravčická brána" geprägt wurde, vor
allem von Dresden aus als Ziel einer „Reise"
durch die Sächsisch-Böhmische Schweiz
auf der geradezu „klassischen" Route
Schandau – Kuhstell – Großer Winterberg
– Prebischtor bekannt geworden. Rund 100
Jahre alt aber sind die noch heute erhalte-
nen touristischen Anlagen: der Auf- und
Abstieg von und nach Hřensko (1880), das

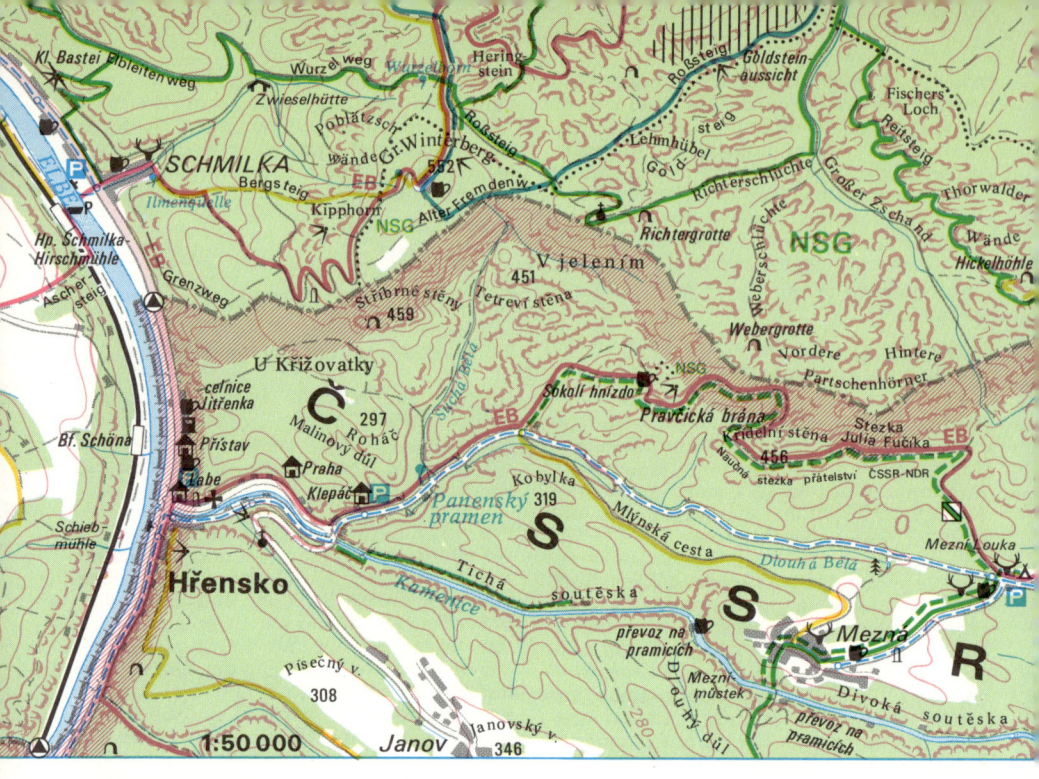

ehemalige Berghotel vor der Pravčická bràna (1881), z. Z. nur auf Selbstbedienung eingestellt, der als „Gabrielensteig" angelegte Fučík-Steig (1885), das Hotel Rainwiese (1892, jetzt Mezní Louka) und die Bootsfahrten in der Kamnitzklamm (1890 bzw. 1898). Die für Mitteleuropa einmalige Naturbrücke aus Sandstein am vorderen Ende eines vorspringenden Felsriegels, an der Basis 26,5 m breit, 16 m hoch, ist durch jahrtausendelange Einwirkung von Wasser und Wind, ohne jedes Zutun von Menschenhand, entstanden. Die geringste Dicke der Deckplatte beträgt nur 3 m, die geringste Breite 7–8 m. Von der Plattform dieses geologischen Naturdenkmals, das zudem von einem 1963 geschaffenen, 6 ha großen Naturschutzgebiet umgeben ist, sowie von zwei benachbarten Aussichtspunkten genießt man aus 440–450 m ü. M. einen großartigen Blick über die gesamte Böhmische Schweiz mit dem basaltischen Růžák hinweg zum Lausitzer Gebirge und zum České středohoří, andererseits aber auch zu den elbnahen Tafelbergen der Sächsi-

schen Schweiz. Im Vordergrund fallen zwei bekannte Kletterfelsen auf, die „Alte Wenzelwand" und der „Kleine Prebischkegel". Auf dem *Julius-Fučík-Steig* queren wir ohne große Höhenunterschiede an der Südseite des gewaltigen Felsmassivs, das hier die Staatsgrenze zur DDR bildet, hinüber zu den schroffen *Křídelní stěny.* Schon von weitem fallen ganz imposante Kletterfelsen auf, der mächtige, frei stehende Große Prebischkegel, der spitze Zuckerhut und der wuchtige Beckstein. Hier haben schon 1888 und 1894 sächsische Bergsteiger wertvolle klettertechnische Erschließerarbeit geleistet. Beim Touristenzentrum *Mezní Louka* queren wir in 275 m Höhe die von Hřensko heraufkommende und nach Jetřichovice führende Landstraße. Im Selbstbedienungstrakt des 1959 stark erweiterten Hotels wird der Tourist bestmöglich (7–18 Uhr täglich) versorgt. Im nahen Dorf *Mezná*, das nur ein halbes Hundert ständiger Bewohner, dafür aber 200 Wochenendhäusler besitzt, hat sich die Volksarchitektur des 19. Jh. in eini-

Pravčická brána

gen Blockhäusern mit Fachwerk und Umgebinde erhalten.

Nach steilem Abstieg ins tiefeingeschnittene Tal der Kamenice (Höhenunterschied 135 m) umgibt uns eine geradezu wilde Felsszenerie. Die romantische Steiganlage mit ihren vier Tunnels und mehreren in den Fels gehauenen Galerien endet an der oberen Bootsstation der *Tichá soutěska*, der „Stillen Klamm". Sie ist das Gegenstück zur Oberen Schleuse in der Sächsischen Schweiz, kann aber nicht – wie diese – auch zu Fuß durchwandert werden. Die feuchten Felswände sind oft mit zusammenhängenden Moosdecken überzogen. Über die linke Talkante schaut die „Klammfamilie" herein, drei Kletterfelsen, die als

Eltern, Kinder und Großmutter gedeutet werden. Während der 20 Min. dauernden Fahrt auf dem 960 m weit angestauten Wasser gibt es sogar einen kleinen Wasserfall zu bewundern. Gebirgsstelzen und Wasseramseln sind im gesamten unteren Teil des Engtales anzutreffen. Nach dem anschließenden Uferweg, der sich noch über 2 km erstreckt, weitet sich plötzlich das Tal, und wir sind wieder in Hřensko, der Eingangspforte zum 300 km² großen LSG Labské pískovce, das seit 1972 besteht.

In *Hřensko*, einem bekannten Touristenzentrum, leben nur etwa 175 ständige Einwohner in 73 Häusern, aber es gibt 7 Hotels mit einer Gesamtkapazität von über 300 Betten und einen Durchgangsverkehr, der auf all-

53

jährlich fast eine Million Touristen geschätzt wird. Mit 115 m ü. M. liegt der Ort am tiefsten Punkt der ČSSR, während nur 12 km südwestlich der Děčínský Sněžník als die höchste Erhebung des gesamten Elbsandsteingebirges, hervorgerufen durch die Heraushebung des Erzgebirges im Tertiär, bis zu 726 m ü. M. emporragt.

Entstanden ist der Ort als schlichtes Grenzwirtshaus „Hornseß-Kretzschin" (hranice = Grenze, krčma = Schenke, Kretscham) und tritt urkundlich gesehen 1475 in die Geschichte ein. An der Elbe begann bzw. endete hier ein Teilstück des „Bohemer weges", der von Böhmen nach der Oberlausitz führte. Im 17. Jh. zählte man kaum 20 Häuser im Mündungsgebiet der Kamenice. Die ersten „Schweizreisenden" des 19. Jh. – so der dänische Dichter Hans Christian Andersen (1831) – äußerten sich anerkennend über die biederen Einwohner, die „in Josephs und Marias Namen" die Fremden begrüßten, über die weinlaubumrankten, rot bemalten Häuschen mit ihren hölzernen Altanen, hohen Treppen und den Christusoder Muttergottesbildern über den Türen, über die Holzfäller, die ihrer schweren Arbeit unter frohem Gesang nachgingen. Im Zeichen kapitalistischen Unternehmungsgeistes war Hřensko, damals über Ländergrenzen hinweg als Herrnskretschen bekannt, um 1900 bereits zu einem Touristenzentrum mit 12 und mehr Hotels und Gasthäusern sowie 700–800 Einwohnern geworden.

Verhaltensordnung

Beschluß des Rates des Bezirkes Dresden vom 29. Juni 1983 (Auszüge)

I. Grundlage und Zielstellung

Die Sächsische Schweiz gehört zu den schönsten und einzigartigen Landschaften. unserer Republik. Als Landschaftsschutzgebiet genießt sie den besonderen Schutz des sozialistischen Staates und der ganzen Gesellschaft.

Grundsätze für eine planmäßige Entwicklung, Pflege und Gestaltung sind deshalb in einem Landschaftspflegeplan festgelegt.

Von allen Besuchern und Bewohnern des Landschaftsschutzgebietes wird deshalb ein besonders achtungsvolles und umsichtiges Verhalten gegenüber der natürlichen Umwelt gefordert. Außerdem zwingen geländebedingte und geologische Besonderheiten im Interesse der Sicherheit der Erholungsuchenden zu einigen speziellen Anforderungen bzw. touristischen Einschränkungen.

Ergänzend zu den Festlegungen des Landschaftspflegeplanes werden für alle Bürger, die sich im Landschaftsschutzgebiet Sächsische Schweiz aufhalten, die folgenden Regeln zur Grundlage ihres Verhaltens gemacht.

II. Verhaltensregeln

Zum Schutz
der besonderen Naturausstattung sind

1. natürliche Felsbildungen nicht zu beschädigen, zu verändern oder oberflächig zu kennzeichnen;
2. geschützte wildwachsende Pflanzen nicht zu beschädigen, zu entnehmen oder Teile von ihnen abzutrennen;
3. geschützte und jagdbare wildlebende Tiere nicht durch Nachstellungen oder anderweitig zu beunruhigen;
4. in Naturschutzgebieten und Flächennaturdenkmalen nur ausgewiesene Wanderwege und touristisch erschlossene Stiegen und Plätze zu benutzen;
5. die aus Naturschutz- und Jagdgründen ständig oder zeitweilig gesperrten Gebietsteile keinesfalls zu betreten.

Zur Gewährleistung von Ordnung,
Sicherheit und Disziplin ist/sind

6. die Natur in keiner Weise zu verschmutzen oder zu verunstalten;
8. touristische Einrichtungen, bergsteigerische Einrichtungen, jagdliche Einrichtungen sowie Kultur- und Bodendenkmale nicht zu beschädigen, zu entfernen oder zweckentfremdet zu gebrauchen;
9. jeder ruhestörende Lärm zu vermeiden;
11. das Übernachten in Zelten, Campinganhängern oder Wohnmobilen nur auf den dafür vorgesehenen Plätzen gestattet. In Naturschutzgebieten, Flächennaturdenkmalen oder in den aus Naturschutz- und Jagdgründen gesperrten Gebietsteilen ist das Freiübernachten (Bofen) grundsätzlich untersagt;
12. keine Wegeabkürzung in Kurven und am Hang vorzunehmen. Nach Eintritt

Kleine Gans von der Basteibrücke

der Dunkelheit sind im Wald und im unübersichtlichen Gelände die Wege im Interesse der eigenen Sicherheit grundsätzlich nicht zu verlassen;

13. nichtöffentliche Wald- und Feldwege ohne besondere Genehmigung mit Kraftfahrzeugen nicht zu befahren. Im Einmündungsbereich der Wege in das öffentliche Straßenverkehrsnetz besteht Parkverbot.

Im Rahmen der sportlich-touristischen Nutzung ist

17. Felsklettern in Naturschutzgebieten und Flächennaturdenkmalen nur den organisierten Bergsteigern, den Mitarbeitern des BUD (Felsausbildung) sowie den Mitgliedern ausländischer Bergsteigerorganisationen gestattet.
18. Massivkletterei, Sportklettern sowie alle Varianten des künstlichen Kletterns grundsätzlich untersagt.

III. Verantwortung und Kontrolle

1. Vorsätzliche oder fahrlässige Verstöße gegen die Regeln dieser Verhaltensordnung werden auf der Grundlage der speziellen Rechtsvorschriften geahndet.
3. Die Kontrolle zur Einhaltung der Verhaltensordnung erfolgt vorrangig durch staatlich beauftragte Mitarbeiter der Forstwirtschaft sowie ehrenamtliche Mitarbeiter der Forstwirtschaft und des Naturschutzes, die sich durch ein staatliches Dokument (Ausweis) legitimieren können.
5. Darüber hinaus sind alle Bürger aufgefordert, andere Personen bei eventuellen Verstößen gegen die Regeln dieser Verhaltensordnung auf ihr Fehlverhalten aufmerksam zu machen und die Einstellung der ordnungswidrigen Handlungen zu verlangen.

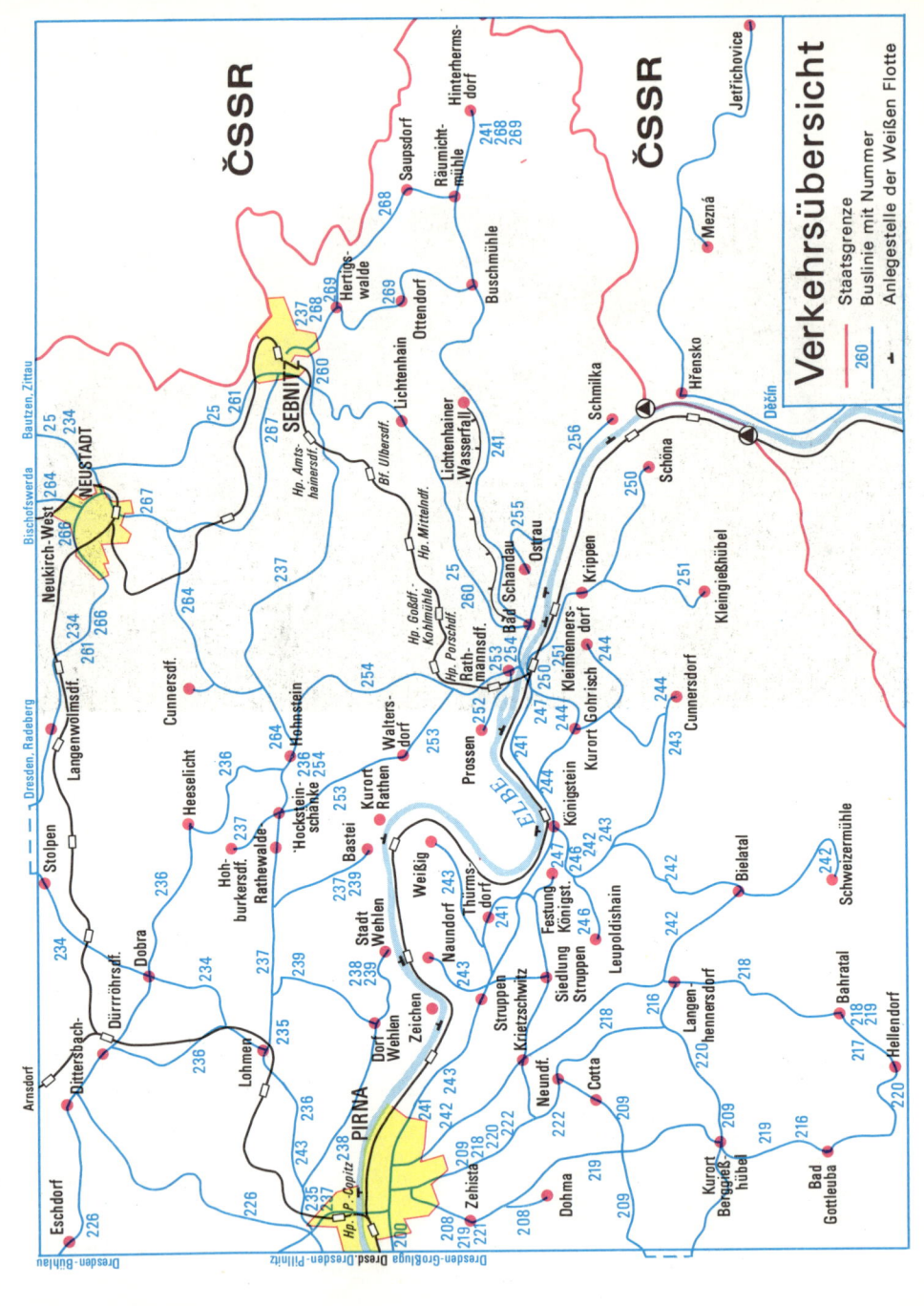

Verkehrsübersicht

- Staatsgrenze
- Buslinie mit Nummer
- Anlegestelle der Weißen Flotte

260

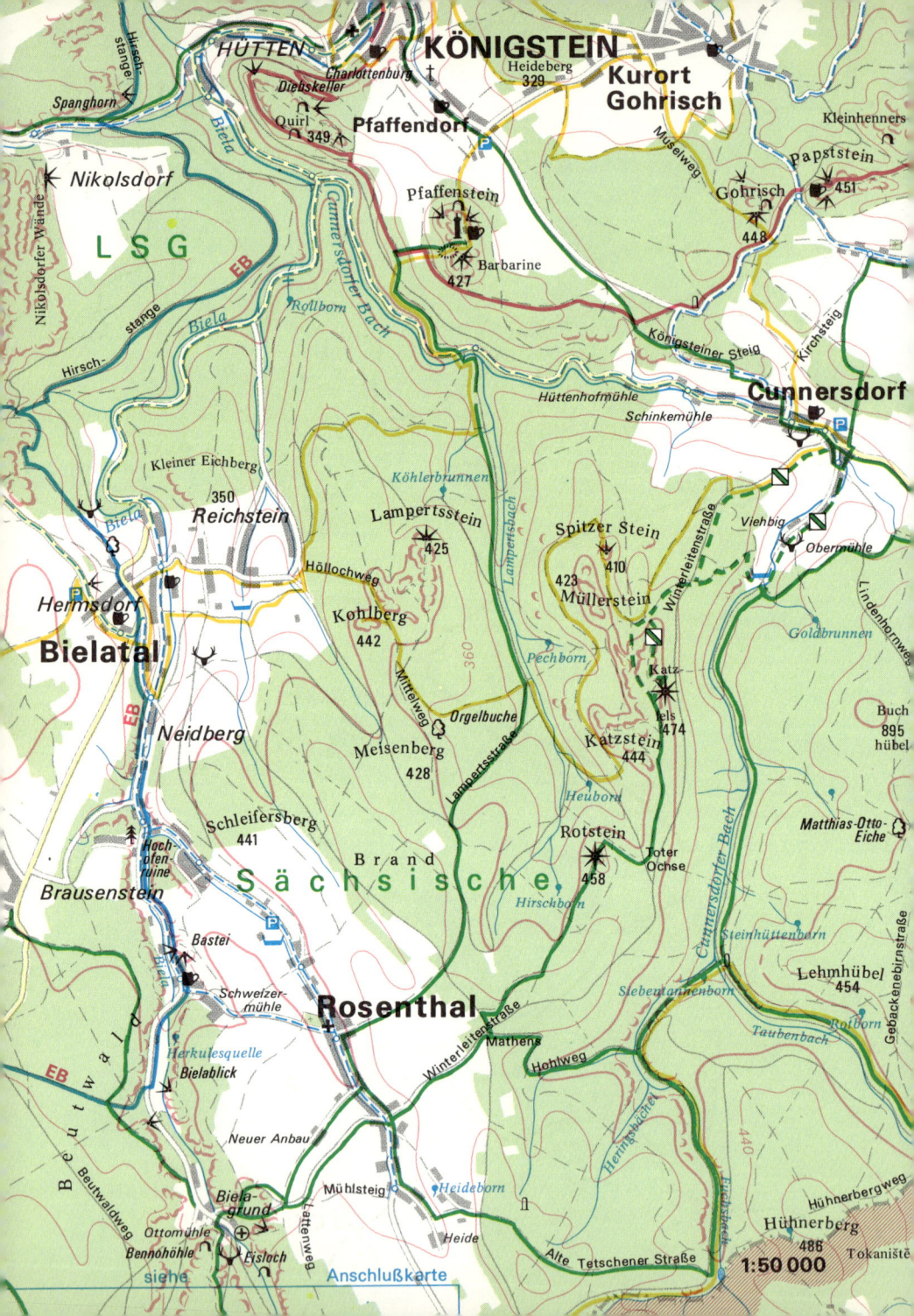

Inhalt

ZEICHENERKLÄRUNG

Die Größe und Farbe der Kartenzeichen kann in den einzelnen Kartengruppen voneinander abweichen

Staatsgrenze	Touristenstation; Hotel
Staatsgrenze im Wasserlauf	Ferienheim des FDGB
Landschaftsschutzgebiet (LSG)	Sonstiges Ferienheim
Eisenbahn mit Bahnhof	Ausflugsgaststätte; Restaurant
Eisenbahntunnel	Café; Imbißkiosk
Autobahn	Bad, Bademöglichkeit
Fernverkehrsstraße, Durchgangsstraße +) mit Entfernungsangabe	Bootsverleih
Wichtige Verbindungsstraße bzw. Hauptstraße +)	Sportplatz
	Aussichtsturm; Aussichtspunkt
Verbindungsstraße bzw. Nebenstraße +)	Schutzhütte
Fahrweg	Denkmal; Mahnmal
Feld- und Waldweg	Steinkreuz; Einzelgrab
Fußweg, Gestell	Histor. Bauwerk; histor. Ruine
Treppe; Fußgängerbereich	Kirche; Kapelle
Straßenbahn mit Haltestelle (außerhalb von Ortschaften)	Museum, Freilichtbühne
Buslinie mit Haltestelle	Filmtheater
Skilift	Naturschutzgebiet (NSG); Reservat
Hauptwanderweg	Baum (Naturdenkmal)
Gebietswanderweg	Höhle, Grotte
Örtlicher Wanderweg	Quelle; Wasserfall
Internat. Bergwanderweg der Freundschaft Eisenach-Budapest	Burgwall; Wüstung
Lehrpfad	Krankenhaus; Apotheke
Grenzübergang, allgemein benutzbar	Bergrettungsstation
Grenzübergang, mit besonderen Bedingungen benutzbar	Öffentliches Gebäude; Försterei
Tankstelle; Parkplatz	Reisebüro, Postamt
Busbahnhof; Taxihalteplatz	Souvenirstand; öffentliche Toilette
Schiffsverbindung mit Anlegestelle	Brunnen; Fließrichtung
Autofähre; Personenfähre	Gefällpunkt; Höhenangabe
Campingplatz mit Objektnummer	Höhenlinie (Abstand 40 m)
Jugendherberge mit Objektnummer	Felsen; Klettergipfel
	Steilhang, Böschung
	Wald, Park; Garten
+) in Stadtplänen	Friedhof; Wiese